공저

고토 노부유키
나카타 요시코
데라이 히로미
히로세 가에
이정숙

Step-2

시사일본어사

머리말

    본 교재(『곤니찌와日本語』)는 일본어를 처음 배우는 사람이 흥미를 가지고 즐겁게 공부할 수 있도록 집필하기 위하여 1년 6개월에 걸쳐서 제작한 교재입니다. 저희 집필자들은 모두 대학에서 일본어 교육에 종사하고 있는 자들로서, 각자의 전공은 다르지만, 일본어 교육 전공자 2명, 일본어학 전공자 2명, 언어학 전공자 1명입니다. 학기 중에는 주에 1회, 여름방학과 겨울방학에는 집중적으로 집필회의를 갖고 각자의 전공의 입장에서 논의를 거듭해서 이 교과서를 완성시켰습니다.

    『곤니찌와日本語』1, 2, 3은 일본어의 초급과정에서 습득해야 하는 문형을 쉬운 것부터 어려운 순서로 배열하여 체계적으로 학습할 수 있도록 구성되어 있습니다. 각 과에서 배운 문형에 대해 「말하기」 「듣기」 「읽기」 「쓰기」 등의 4가지 기능을 높여서 초급문법의 종합적인 운용능력을 높일 것을 목적으로 해서 집필했으며, 일본어 능력시험 3급까지의 수준에 달하는 문법항목을 3권으로 해서 거의 망라했습니다.

    본 교재의 본래의 용도는 교실에서 교사가 가르치기 위한 교과서이며, 교실 내에서 할 수 있는 활동도 각 과에 수록되어 있습니다. 국내에서 출판된 다른 교과서에 비하면 문제의 양이나 종류가 많다고 느껴질지도 모르겠지만, 학생이 일본어를 사용할 수 있도록 하기 위해서는 각 학습항목에 대해 다양한 항목이 제시되어 있는 풍부한 연습이나 활동이 절대적으로 필요하다고 저희 집필진들은 생각했습니다. 또한 일본어 수업에서 사용할 뿐만이 아니라, 독학용으로도 사용할 수 있도록 한국어의 해설·번역을 충분히 제시하였으며, 해답·음성 교재를 덧붙였습니다. 그렇기 때문에, 시간적으로 제한된 교육환경에서는 학생들에게 예습·복습을 하게 하거나, 숙제로 할 수 있도록 하여 여러 단계별 코스·디자인을 하여 유연하고 또 효율적으로 대응할 수 있게 집필했습니다.

    문체적인 면에서는, 제 1권이 정중체, 제 2권이 정중체와 보통체, 제 3권이 경어체를 제시하여 이해할 수 있도록 하여, 일본어를 말할 수 있도록 하는 것을 목표로 하고 있습니다. 특히, 경어가 발달해 있는 한국어를 모국어로 하는 한국인 학습자는 타국의 학습자보다 경어를 비교적 용이하게 습득할 수 있다고 하는 점을 고려해서, 이 책에서는 일반적으로 책의 마지막에 배치되기 쉬운 경어를 『곤니찌와日本語』3에서는 도입부에서 학습할 수 있도록 구성했으며, 초급문법의 후반부의 경어에서도 운용할 수 있도록 집필했습니다. 그 이유는 일본어를 전공하는 학생뿐만이 아니라, 교양으로서 일본어를 배우는 학생이나 사회인이 이 책으로 일본어를 학습함으로써 사회생활에서도 일본어를 활용할 수 있도록 배려했기 때문입니다. 일본과 한국은 인간적인 접촉, 사회적인 교류, 경제적인 관계가 더욱 더 긴밀해져 가고 있으며, 일본인과 한국인이 직접 대면하는 경우가 증가해 가는 최근의 상황을 염두에 두고, 종래의 교재보다 문체상의 다양성을 이해할 수 있도록 하여 중점을 둔 교과서로 집필하고자 했습니다. 또, 회화의 내용이나 연습 문제의 어휘에 대해서도 학교뿐만이 아니라, 사회·가정생활에서도 사용할 수 있는 것을 선택하도록 배려했습니다.

마지막으로, 이 책을 출판하는 데에 있어서 시사일본어사의 김조웅 원장에게는, 저자의 「조건」이라는 명목을 가지고 무리하게 내세웠던 우리 집필진들의 고집스러운 요망사항을 최대한 수용해주었던 점에 대해서 감사하고 있습니다. 또, 심플하고 매우 귀여운 그림을 그려준 김민경 씨, 실제감이 있는 녹음을 해 주신 성우(이케베 가즈히코, 시마다 마사코, 야마노우치 타스쿠, 이노우에 미유키) 님, 한국어 번역과 교정 작업을 맡아 준 오상현 교수 등의 덕분에 현실감 있는 회화를 재현한 생생한 교재를 만들어낼 수 있었습니다. 감사합니다.

집필자 일동

Ⅰ. 집필목적과 대상 학습자

『곤니찌와日本語』1, 2, 3은 학생이나 사회인도 포함하며 처음으로 일본어를 배우는 사람을 대상으로 하여 학습의 4기능(듣기, 말하기, 읽기, 쓰기)을 제시하여, 초급문법을 비롯한 종합적인 일본어의 능력을 높이는 것을 목표로 하는 체계적인 교과서입니다. 또 제 1권에서는 정중체, 제 2권에서는 보통체, 제 3권에서는 경어를 사용할 수 있는 것을 목표로 했습니다.

Ⅱ. 전체의 구성

『곤니찌와日本語』는 1, 2, 3권이 있으며, 각 권의 단원은 10과로 구성되어 있습니다. 각 권에는 CD도 포함되어 있습니다. 1권에는 「히라가나 · 가타카나 연습장」이 부록으로 수록되어 있습니다.

Ⅲ. 각과의 구성

제1권 1과 ~ 2과

히라가나 · 가타카나에 대한 발음상의 주의점이나 표기상의 주의점이 제시되어 있습니다.

제1권 3과 ~ 제3권 30과

① 학습목표

「학습항목」은 그 과에서 학습하는 문법항목입니다.
여기를 보면 그 과의 학습사항을 한 눈에 알 수 있습니다.

② 기본문형

「기본문형」은 그 과에서 학습하는 문형을 이용한 예문입니다. 문법설명에서 제시된 예문으로 구성되어 있습니다.

③　기본회화 1, 2

제 1권의 회화의 무대는 일본, 제 2권은 한국, 그리고 제 3권은 일본에서 일상적으로 자주 접하는 장면이며, 그 과에서 학습하는 문형을 이용해서 말할 수 있도록 만들어진 회화문으로 구성되어 있습니다.

제 2권의 18과는 정중체와 보통체의 회화로 구성되어 있습니다. 또 학생뿐만이 아니라 사회인들도 즐겁게 학습할 수 있도록 여러 가지 장면을 설정했습니다.

일본어의 발음이나 악센트, 스피드를 몸에 익히고, 또 맞장구 등을 곁들여서 자연스러운 응답표현이나 회화를 할 수 있도록 여러 차례에 걸쳐서 연습하는 것이 이상적입니다. 여유가 있으면 학습자의 일상에 맞춘 회화로 발전시키는 것도 좋을 것입니다.

④　새로 나온 표현

회화 중에 나오는 새로운 문법이나 표현 가운데, 문법설명에서 취급하지 않는 것을 간단하게 설명한 것입니다. 문형연습이나 응용연습에도 조금 넣어 두어 두었습니다.

⑤　문법설명

그 과에서 학습하는 문법을 예문을 제시하여 알기 쉽게 설명한 것입니다. 한국어와 닮아 있는 문법은 한국어의 뜻을 제시하는 것으로 처리했으며, 한국어와 다른 기능을 하는 문법사항에는 그 차이를 자세하게 설명해 두었습니다.

⑥　문형연습

그 과에서 학습한 문형을 습득하기 위한 연습문제입니다. 각 문법항목에 대해서 한 개씩 연습문제가 제시되어 있습니다. 그림을 보면서 대입하는 문제라든가, 변환 등을 시도하는 여러 가지 패턴으로 연습할 수 있도록, 또 문형에 익숙해질 수 있도록 감안했습니다.

⑦　응용연습

그 과에서 학습하는 문법을 복수로 조합하거나 앞 과에서 배운 문법과 조합시켜, 다양한 문법을 응용해서 생각할 수 있는 문제로 구성되어 있습니다. 문형연습으로 시도한 문법을 정리하기 위한 문제로 구성되어 있습니다.

⑧ **말해봅시다**

학습한 문형을 사용해서 말하기의 능력을 지닐 수 있도록 시도했습니다. 기본적인 회화연습으로, 어떻게 하면 회화를 주고받을 수 있을지에 대한 방법을 학습할 수 있습니다. 학습자에게 클래스의 여러 수강생들과 이야기를 주고 받을 수 있도록 권장해 주세요.

⑨ **새로 나온 단어**

그 과에 나온 새로운 단어에 한국어의 뜻을 붙인 단어 리스트입니다. 악센트를 알 수 있도록 악센트 기호도 실었습니다. 새로운 단어를 문자와 발음 모두 동시에 학습할 수 있습니다.

⑩ **Activity**

게임이나 역할놀이(롤 플레이)를 하면서 학습한 문형을 가지고 대화를 주고 받을 수 있는 내용이 정리되어 있는 부분입니다. 회화를 통해서 커뮤니케이션의 즐거움을 맛볼 수 있을 겁니다.

⑪ **들어봅시다**

CD의 회화를 듣고 이해할 수 있는 청해(듣기능력)를 위한 연습문제입니다. 일본어의 발음이나 악센트, 스피드에 익숙해지는 한편 내용 파악을 할 수 있을지를 체크할 수 있는 문제가 제시되어 있습니다.

⑫ **읽어봅시다[제2권, 제3권에 한함]**

문장을 읽어서 독해력을 기르는 문제입니다. 회화체와는 다른 문장체를 접해서 내용의 이해력을 기르는 것을 목표로 하고 있습니다.

Ⅳ. 표기상의 주의

15과까지는 문장을 띄어쓰기로 하여 배열했습니다. 일본어 능력시험 3, 4급의 한자로 이루어진 단어만 한자로 표기했으며, 「새로 나온 단어」에서 (   )안에 표기되어 있는 한자어는 일본어 능력시험 2급 이상의 한자를 포함한 단어입니다.

Ⅴ. CD

각과의 「기본문형」, 「회화 1 · 2」, 「문법 설명의 예문」, 「새로 나온 단어」, 「들어봅시다」의 부분이 수록되어 있습니다. 발음, 악센트, 억양, 회화의 자연스러운 속도 등을 배워서, 청해 능력을 키울 수 있도록 목표로 했습니다.

Ⅵ. 학습법(학습자 여러분께)

① 단어를 외웁시다.

각 과의 새로 나온 단어를 테이프를 들으면서 발음과 악센트에 주의해서 외우기 바랍니다. 앞 과에서 외운 단어와 동일한 발음, 동일한 의미, 반대의 의미를 나타내는 단어가 나오면 간추려서 정리해 보세요.

② 문법을 이해합시다.

각 과에 나오는 문법이 한국어로 설명되어 있으므로 확실하게 이해해 두기 바랍니다. 예문도 복수로 실려 있으니, 어떻게 사용하는 지를 구분해 두기 바랍니다.

③ 문형을 연습합시다.

문형의 의미와 형태를 학습하면, 소리를 내어 「문형연습」을 하기 바랍니다. 서투른 문형은 몸에 익힐 때까지 몇 번이고 반복해서 연습해 주세요.

④ 응용연습을 합시다.

「응용연습」은 배운 문형을 조합한 문제로서, 문법을 정리하는 학습목적으로 풀어 보세요. 자신의 취약점이 어디인지를 알면, 거기에 해당하는 항목의 문형을 한 번 더 공부하기 바랍니다.

⑤ **회화를 연습합시다.**

「기본회화 1 · 2」를 연습할 때 , 우선 회화의 테이프를 발음, 악센트, 인터네이션에 주의해서 듣고 학습자 여러분도 직접 소리를 내어 연습해 주세요. 다음에, 짝이 되어 각각의 파트를 「회화」의 장면이나 상황에 맞은 회화문장을 주의하면서 대화를 연습해 주세요. 가능하면 회화문을 외우기 바랍니다. 학습자의 생활에 부합되는 회화를 풍부하게 늘려 나아가는 것도 좋을 것입니다.

⑥ **말해봅시다.**

그룹을 지어서 「말해봅시다」, 「Activity」를 해 주세요. 대화의 즐거움을 음미하며 만끽하기 바랍니다. 클래스에서 연습한 후에는 실제로 밖에 나와서 일본인에게 말을 건네 보세요. 또한 거기에서 배운 것을 즉시 사용해 보기 바랍니다. 그리고 커뮤니케이션을 즐겨 보세요.

⑦ **듣고 읽어 봅시다.**

「들어봅시다」로 청해능력을 강화하기 바랍니다. 알아 들을 수 없을 때에는 몇 번이고 반복해서 들어 주세요.
「읽어봅시다」는 독해력을 몸에 익히는 문제입니다. 능력을 시험해 보는 문제로서 생각하고 풀어 주기 바랍니다.

Ⅶ. 이 교재의 사용법(교사분께)

수업의 진행방식은 아래에 제시된 바와 같습니다.
각 과의 기본 소요시간은 4시간이며, 시간적으로 여유가 없을 경우에는 「응용연습」, 「말해봅시다」, 「들어봅시다」를 과제로 부과해도 좋을 것입니다.
「기본회화」, 「말해봅시다」, 「Activity」는 학습자 혼자서는 학습하기 어렵기 때문에 반드시 수업 현장에서 진행하도록 해 주십시오.

수업 진행 방식

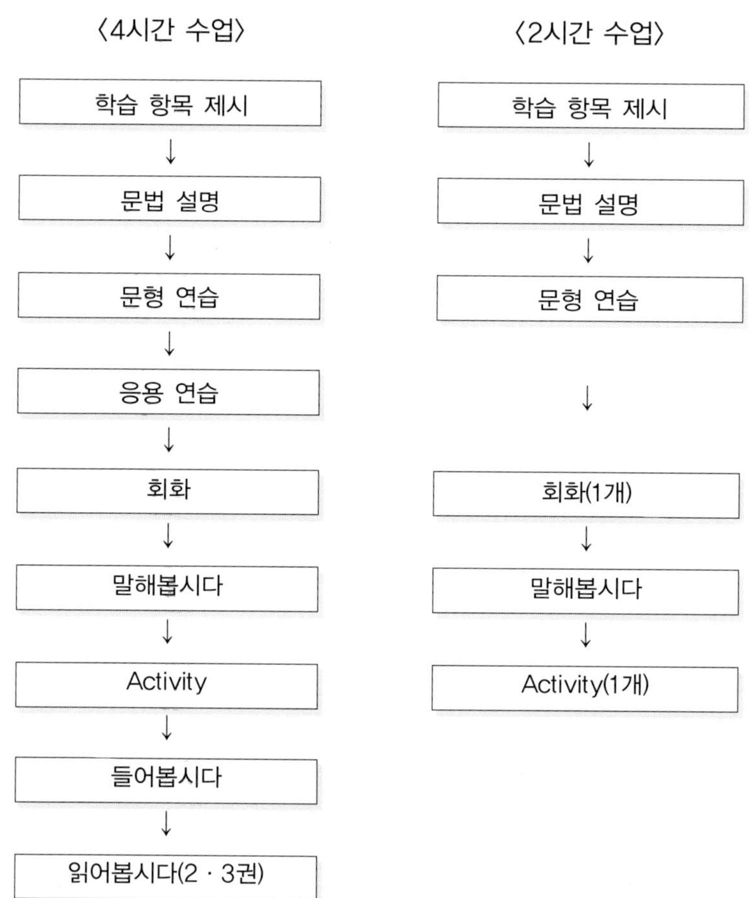

VIII. 한 학기의 수업 진행 모델 예

제 1 권

1 주차	1과	글자와 발음 (1)
2 주차	2과	글자와 발음 (2)
3 주차	3과	〜は 〜です
4 주차	4과	こそあど
5 주차	5과	〜が すきです

6 주차	6과	～が　あります／います
7 주차	복습	1과 ～ 6과
8 주차	중간고사	
9 주차	7과	動詞の　ます形
10 주차	8과	移動動詞　～ませんか／ましょう
11 주차		
12 주차	9과	い・な形容詞
13 주차		
14 주차	10과	い・な形容詞の過去形、～たい、～が　ほしい
15 주차		
16 주차	기말고사	

제 2 권

1 주차	11과	比較、授受動詞、助数詞
2 주차		
3 주차	12과	動詞のて形
4 주차	13과	動詞の基本形（辞書形）、ない形
5 주차		
6 주차	14과	～に・くなります、～と(条件)、～やすい・にくい・すぎる
7 주차	15과	～ないで、～なくて、～て、～ています（動作の継続）
8 주차	중간고사	
9 주차	16과	～て　います（結果状態、習慣）
10 주차	17과	動詞のた形
11 주차	18과	普通体、～ので、～と思います
12 주차		
13 주차	19과	～んです、～たら、～ても、
14 주차	20과	名詞修飾　～時、～のに
15 주차		
16 주차	기말고사	

등장 인물

12과 기본회화 2, 17과 기본회화 1, 2, 19과 기본회화 2의 장면은 일본이며,
그 이외의 기본회화 장면은 한국임.

パク・セビン**(박세빈)**
한국인 여대생. 3학년. 20세. 전공은 경영학. 교환
유학생으로서 일본에 유학한 경험이 있음.

キム・テウォン**(김태원)**
한국인 남자 대학생. 4학년. 26세. 전공은 컴퓨터
공학. 일본에 유학한 경험이 있음.

あべ　みさき**(아베 미사키)**
일본인 여대생. 신주쿠대학교 4학년. 22세. 전공
은 경영학. 대학교를 휴학하고 한국어를 공부하러
한국에 와 있음.

なかい　けいた**(나카이 게이타)**
일본인 남자 대학생. 신주쿠대학교 4학년.
23세. 전공은 한국어. 교환유학생으로서 학
국에 와 있음.

차례

11 これは　母に　もらいました。
はは
이것은 어머니에게 받았습니다.

01 조수사(ばん、まい、だい、人、こ、さつ、本、かい、回)
にん　　　　　　　ほん　　　　かい

02 あげます / もらいます / くれます

03 貸します / 借ります / かえします / 教えます / 習います
か　　　　　か　　　　　　　　　　おし　　　　　なら

04 비교：〜より / 〜のほうが / 〜の中で　いちばん
なか

기·본·문·형　1-02

1. 私は　キムさんに　ＣＤを　2まい　あげました。
わたし　　　　　　　シーディー

2. 私は　パクさんに　キムチを　もらいました。
わたし

3. パクさんが　(私に)　キムチを　くれました。
わたし

4. かとうさんは　田中さんに　料理の　本を　3さつ　貸しました。
たなか　　　　りょうり　ほん　　　　　　か

5. 田中さんは　かとうさんに　料理の　本を　3さつ　借りました。
たなか　　　　　　　　　　りょうり　ほん　　　　　　か

6. 東京より　ソウルの　ほうが　寒いです。
とうきょう　　　　　　　　　　さむ

たんじょうび　1-03

あべ　　あれ、新しい 時計ですか。すてきですね。

パク　　ええ、きのう 私の たんじょうびでしたから、父が くれました。

あべ　　その かばんも すてきですね。

パク　　これは 母に もらいました。

あべ　　じつは 私も プレゼントが あります。きのう ケーキを 作りました。

　　　　はい、これ。たんじょうび おめでとう。

パク　　わあ、ケーキですか。ろうそくも ありますね。

あべ　　はい、ぜんぶで 5本 あります。大きいのが 2本と 小さいのが

　　　　3本です。

パク　　どうも ありがとう。とても うれしいです。私は あまい 物が

　　　　大好きですから。

あべ　　私は 1ヶ月に 1回 ケーキの 作り方を フランス人の 友だちに

　　　　習います。

パク　　ほんとうですか。私も 習いたいです。

あべ　　じゃあ、今度 いっしょに 行きましょう。

생일

아베　저거, 새로운 시계입니까? 멋지군요.	박　　정말 고마워요. 매우 기뻐요. 나는 단 것을 아주 좋아하기 때문이에요.
박　　예, 어제 내 생일이어서 아버지가 주었습니다.	아베　나는 한 달에 한 번 케이크 만드는 방법을 프랑스인 친구에게서 배웁니다.
아베　그 가방도 멋지군요.	박　　정말이에요? 나도 배우고 싶어요.
박　　이것은 엄마한테서 받았습니다.	아베　그러면, 이 다음 번에 함께 갑시다.
아베　실은 나도 선물이 있어요. 어제 케이크를 만들었습니다. 자, 이것. 생일 축하해요.	
박　　와아, 케이크예요? 양초도 있군요.	
아베　예, 전부 다섯 개 있습니다. 큰 것이 두 개와 작은 것이 세 개입니다.	

  しんかんせん  1-04

あべ　　ポールさん、冬休みに　どこか　行きますか。

ボール　ええ、友だち　3人と　1週間　日本へ　旅行に　行きます。

あべ　　じゃあ、日本の　ガイドブックを　ポールさんに　貸しますよ。

ボール　ありがとうございます。じゃあ、1ヶ月ぐらい　借りますね。

　　　　ところで、しんかんせんの　中で、どれが　いちばん　はやいですか。

あべ　　のぞみが　いちばん　はやいですよ。

ボール　東京から　京都まで　のぞみで　何時間ぐらい　かかりますか。

あべ　　2時間半ぐらい　かかります。

ボール　そうですか。ひかりは　どうですか。

あべ　　ひかりは　のぞみより　おそいです。

　　　　でも、料金は　のぞみと　同じです。

ボール　じゃあ、こだまは?

あべ　　こだまは　料金は　安いですが、のぞみや　ひかりほど　はやくない

　　　　ですから、不便ですよ。

ボール　そうですか。じゃあ、京都まで　のぞみで　行きます。

신칸센

아베	폴 씨, 겨울방학에 어딘가 갑니까?			걸립니까?
폴	예에, 친구 세 명과 일주일간 일본에 여행하러 갑니다.		아베	두 시간 반 정도 걸립니다.
아베	그럼, 일본의 가이드 북을 폴 씨에게 빌려줄게요.		폴	그렇습니까? 히카리는 어떻습니까?
폴	고맙습니다. 그러면 한 달 정도 빌리겠습니다. 그런데 신칸센 중에서 어느 것이 가장 빠릅니까?		아베	히카리는 노조미보다 느립니다. 하지만 요금은 노조미와 똑같습니다.
			폴	그러면 고다마는요?
아베	노조미가 가장 빠릅니다.		아베	고다마는 요금이 쌉니다만, 노조미와 히카리만큼 빠르지 않기 때문에 불편합니다.
폴	도쿄에서 교토까지 노조미로 몇 시간 정도		폴	그렇습니까? 그러면 교토까지 노조미로 가겠습니다.

○ | 명사1 | は | 명사2 | ほど | い・な형용사의 부정형 | 。

(~는 ~만큼 ~지 않습니다)

예 ① 日本語は　英語より　むずかしくないです。
　　 にほんご　　えいご

　　 일본어는 영어보다 어렵지 않습니다.

　　 ② 日本語は　英語ほど　むずかしくないです。
　　 にほんご　　えいご

　　 일본어는 영어만큼 어렵지 않습니다.

①은 그저 단순하게 「일본어」를 「영어」와 비교해서 어느 쪽이 「어렵지 않은가」를 서술하고 있을 뿐이다. 이에 비해서 ②는 「일본어도 어렵지만 영어보다는 쉽다」고 하는 뉘앙스를 지닌다.

○ ～間(~간) : 어느 기간을 나타낸다.
　　 かん

예 1ヶ月間、2週間、3時間
　　 いっかげつかん　　にしゅうかん　　さんじかん

예 病気でしたから、1週間　学校を　休みました。
　　 びょうき　　　　　　いっしゅうかん　がっこう　　やす

　　 아팠기 때문에 일주일 동안 학교를 쉬었습니다.

　　 A : 毎日　何時間　日本語を　勉強しますか。
　　　　 まいにち　なんじかん　にほんご　　べんきょう

　　　　 매일 몇 시간 일본어를 공부합니까?

　　 B : 2時間　勉強します。두 시간 공부합니다.
　　　　 にじかん　　べんきょう

○ | 기간을 나타내는 명사 | に　～回
　　　　　　　　　　　　　　　　　　かい

: 어느 일정 기간에 횟수 · 빈도수를 나타낸다.

예 1年に　2回　海外旅行を　します。일 년에 두 번 해외여행을 합니다.
　　 ねん　　にかい　かいがいりょこう

　　 1ヶ月に　1回　映画を　見に　行きます。한 달에 한 번 영화를 보러 갑니다.
　　 いっかげつ　いっかい　えいが　　み　　　い

○ 수량을 나타내는 명사 ＋で : 계산의 범위와 대상을 한정한다.

例 ろうそくは　ぜんぶで　7 本　あります。 양초는 전부 일곱 개 있습니다.
　　　　　　　　　　　　なな ほん
　りんごは　ふたつで　150円です。 사과는 두 개에 150엔입니다.
　　　　　　　　　　　　　えん

○ 형용사 ＋の

앞에 나온 사물을 나타내는 명사를 반복하지 않고「の」로 대용할 수가 있다.

例 ろうそくは　大きいのが　2本と　小さいのが　5本です。
　　　　　　　おお　　　　にほん　　　ちい　　　　　ごほん
　양초는 큰 것이 두 개와 작은 것이 다섯 개입니다.

A : どんな　花が　ほしいですか。 어떤 꽃을 원합니까?
　　　　　　　はな
B : 白くて　きれいなのが　ほしいです。 하얗고 예쁜 것을 원합니다.
　　しろ

1 助数詞(조수사)
じょ すう し

	～ばん(～번)	～まい(～장)	～だい(～대)	～人(～명) にん	～つ(～개)
1（いち）	いちばん	いちまい	いちだい	ひとり	ひとつ(하나)
2（に）	にばん	にまい	にだい	ふたり	ふたつ(둘)
3（さん）	さんばん	さんまい	さんだい	さんにん	みっつ(셋)
4（よん）	よんばん	よんまい	よんだい	よにん	よっつ(넷)
5（ご）	ごばん	ごまい	ごだい	ごにん	いつつ(다섯)
6（ろく）	ろくばん	ろくまい	ろくだい	ろくにん	むっつ(여섯)
7（なな）	ななばん	ななまい	ななだい	ななにん／しちにん	ななつ(일곱)
8（はち）	はちばん	はちまい	はちだい	はちにん	やっつ(여덟)
9（きゅう）	きゅうばん	きゅうまい	きゅうだい	きゅうにん	ここのつ(아홉)
10（じゅう）	じゅうばん	じゅうまい	じゅうだい	じゅうにん	とお(열)
?（なん）	なんばん	なんまい	なんだい	なんにん	いくつ(몇 개)

	～さつ(～권)	～こ(～개)	～本(～병, ～자루) ほん	～階(～층) かい	～回(～회, ～번) かい
1（いち）	いっさつ	いっこ	いっぽん	いっかい	いっかい
2（に）	にさつ	にこ	にほん	にかい	にかい
3（さん）	さんさつ	さんこ	さんぽん	さんがい	さんかい
4（よん）	よんさつ	よんこ	よんほん	よんかい	よんかい
5（ご）	ごさつ	ごこ	ごほん	ごかい	ごかい
6（ろく）	ろくさつ	ろっこ	ろっぽん	ろっかい	ろっかい
7（なな）	ななさつ	ななこ	ななほん	ななかい	ななかい
8（はち）	はっさつ	はっこ／はちこ	はっぽん／はちほん	はっかい／はちかい	はっかい／はちかい
9（きゅう）	きゅうさつ	きゅうこ	きゅうほん	きゅうかい	きゅうかい
10（じゅう）	じゅっさつ じっさつ	じゅっこ じっこ	じゅっぽん じっぽん	じゅっかい じっかい	じゅっかい じっかい
?（なん）	なんさつ	なんこ	なんぼん	なんがい	なんかい

2 　授受表現(수수표현)：あげます、もらいます、くれます
　　じゅ じゅ ひょう げん

| 주는 자 は 받는 자 に 물건 を　あげます。 |
| 받는 자 は 주는 자 に / から 물건 を　もらいます。 |
| 주는 자 が 私(화자) に 물건 を　くれます。 |
　　　　　　　わたし

예　私は　キムさんに　CDを　2まい　あげました。
　　わたし　　　　　　　シーディー
나는 김 씨에게 CD를 두 장 주었습니다.

私は　パクさんに　キムチを　もらいました。
わたし
나는 박 씨한테서 김치를 받았습니다.

パクさんが　(私に)　キムチを　くれました。
　　　　　　わたし
박 씨가 (나에게) 김치를 주었습니다.

예　たかはしさんは　ムンさんに　さいふを　あげました。

다카하시 씨는 문 씨에게 지갑을 주었습니다.

チェさんは　キムさんに　バラの花を　1本　もらいました。
　　　　　　　　　　　　　　　　はな　　いっぽん
최 씨는 김 씨에게서 장미꽃을 한 송이 받았습니다.

*たかはしさんが　妹に　くつを　くれました。
　　　　　　　　いもうと
다카하시 씨가 여동생에게 구두를 주었습니다.

* 기본적으로「くれます(줍니다)」는 화자가 받는 사람인 경우에 사용한다. 다만, 화자
와 가까운 관계에 있는 사람(가족, 친척, 같은 동료 등)도 물건을 받는 자로 할 수가
있다.

3 貸します(빌려줍니다) / 借ります(빌립니다) / かえします(돌려줍니다)

> 빌려 주는 자 는 빌리는 자 에 물건 을 貸します。
> 빌리는 자 는 빌려 주는 자 에 / から 물건 을 借ります。
> 빌린 자 는 빌려 준 자 에 물건 을 かえします。

예 かとうさんは 田中さんに 料理の 本を 貸しました。
가토 씨는 다나카 씨에게 요리 책을 빌려주었습니다.

田中さんは かとうさんに 料理の 本を 借りました。
다나카 씨는 가토 씨로부터 요리 책을 빌렸습니다.

田中さんは かとうさんに 料理の 本を かえしました。
다나카 씨는 가토 씨에게 요리 책을 돌려주었습니다.

▼教えます(가르칩니다) / 習います(배웁니다)
조사「に」는 문법 2, 3에서 살펴본 바와 같이 주는 자도 받는 자도 나타낼 수가 있다.

예 すずき先生は 大学生に 日本語を 教えます。
스즈키 선생님은 대학생에게 일본어를 가르칩니다.

私は すずき先生に 日本語を 習います。
나는 스즈키 선생님한테 일본어를 배웁니다.

4

| 명사1 | は | 명사2 | より | い・な형용사 | です。

(~는 ~보다 ~합니다.)

| 명사2 | より | 명사1 | の　ほうが | い・な형용사 | です。

(~보다 ~쪽이 ~합니다.)

두 개의 물건 / 사람을 비교해서 한 쪽이 다른 한 쪽에 비해서 정도가 두드러진 것을 나타낸다.

예　ソウルは　東京より　寒いです。 서울은 도쿄보다 춥습니다.

東京より　ソウルの　ほうが　寒いです。 도쿄보다 서울 쪽이 춥습니다.

中間テストは　期末テストより　かんたんです。 중간시험은 기말시험보다 간단합니다.

期末テストより　中間テストの　ほうが　かんたんです。
기말시험보다 중간시험 쪽이 간단합니다.

5 A : [명사1] と [명사2] と どちらが [い・な형용사] ですか。

(~와 ~중에서 어느 쪽이 ~합니까?)

B : どちらも [い・な형용사] です。 (어느 쪽이나 ~합니다.)

정도가 같을 경우에 〈どちらも(어느 쪽이나)〉를 사용한다.

예 A : りんごと みかんと どちらが 好きですか。

사과와 귤 중에서 어느 쪽을 좋아합니까?

B1 : どちらも 好きです。 양쪽 다 좋아합니다.

B2 : (みかんより) りんごの ほうが 好きです。 (귤보다) 사과 쪽을 좋아합니다.

6 〔명사1〕 の 中で 〔명사2〕 が いちばん 〔い・な형용사〕 です。
（～중에서 ～가 가장 ～합니다.）

세 개 이상의 사물을 비교해서 가장 정도가 두드러진 것을 나타낸다.

例 スポーツの 中で バスケットボールが いちばん おもしろいです。
스포츠 중에서 농구가 가장 재미있습니다.

１年の 中で ８月が いちばん 暑いです。 일 년 중에 8월이 가장 덥습니다.

1 다음 문장의 (   ) 안에 의문사를 넣으시오. 그리고 그림을 보고 답해 봅시다.

>> 보기

①  ②  ③ 
④  ⑤ 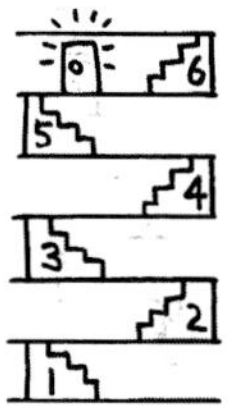 ⑥

>> 보기　A：ＣＤが　（何まい）　ありますか。B：2まい　あります。
　　　　　　　　　なん　　　　　　　　　　　　　　　　に

① A：ご家族は　（　　　　　）ですか。
　　　　かぞく

　 B：＿＿＿＿＿＿＿＿＿＿＿＿＿＿＿＿＿＿＿

② A：かばんが　（　　　　　）ありますか。

　 B：＿＿＿＿＿＿＿＿＿＿＿＿＿＿＿＿＿＿＿

③ A：ノートを　（　　　　　）買いましたか。
　　　　　　　　　　　　　　か

　 B：＿＿＿＿＿＿＿＿＿＿＿＿＿＿＿＿＿＿＿

④ A：キムさんは　ネクタイが　（　　　　　）ありますか。

　 B：＿＿＿＿＿＿＿＿＿＿＿＿＿＿＿＿＿＿＿

⑤ A：教室は　（　　　　　）に　ありますか。
　　　きょうしつ

　 B：＿＿＿＿＿＿＿＿＿＿＿＿＿＿＿＿＿＿＿

⑥ A：かんこくの　けいさつの　電話ばんごうは　（　　　　　）ですか。
　　　　　　　　　　　　　　　　でんわ

　 B：＿＿＿＿＿＿＿＿＿＿＿＿＿＿＿＿＿＿＿

2 다음의 그림을 보고 보기와 같이 말해 봅시다.

>>> 보기

田中→キム
たなか

① 先生→たかはし
せんせい

② チェ→かとう

③ さとう→ユ

④ 山田→ムン
やまだ

⑤ イ→あべ

⑥ なかい→パク

>>> 보기 1　田中さんは　キムさんに　おさけを　1本　あげました。
　　　　　　た なか　　　　　　　　　　　　　　　　いっ ぽん

① 先生は　　　　　　　　　　　。　② チェさんは　　　　　　　　　　　。
せんせい

③ さとうさんは　　　　　　　　　。　④ 山田さんは　　　　　　　　　　　。
　　　　　　　　　　　　　　　　　　　　やま だ

⑤ イさんは　　　　　　　　　　　。　⑥ なかいさんは　　　　　　　　　　。

>>> 보기 2　キムさんは　田中さんに　おさけを　1本　もらいました。
　　　　　　　　　　　　た なか　　　　　　　　　　いっ ぽん

① たかはしさんは　　　　　　　　。　② かとうさんは　　　　　　　　　　。

③ ユさんは　　　　　　　　　　　。　④ ムンさんは　　　　　　　　　　　。

⑤ あべさんは　　　　　　　　　　。　⑥ パクさんは　　　　　　　　　　　。

문형 연습

3 다음의 그림을 보고 보기와 같이 말해 봅시다.

>>> 보기 1　私は　キムさんに　写真を　7まい　もらいました。
わたし　　　　　　　　　　しゃしん　なな

① 私は ____________________。
わたし

② 私は ____________________。
わたし

③ 私は ____________________。
わたし

④ 私は ____________________。
わたし

⑤ 妹は ____________________。
いもうと

⑥ 姉は ____________________。
あね

>>> 보기 2　キムさんが　（私に）　写真を　7まい　くれました。
わたし　しゃしん　なな

① 田中さんが ____________________。
た なか

② パクさんが ____________________。

③ なかいさんが ____________________。

④ 父が ____________________。
ちち

⑤ イさんが ____________________。

⑥ キムさんが ____________________。

4 다음의 그림을 보고 보기와 같이 말해 봅시다.

>> 보기

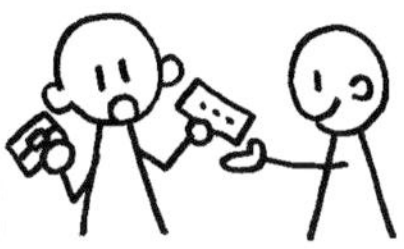

私(わたし)→田中(たなか)

①

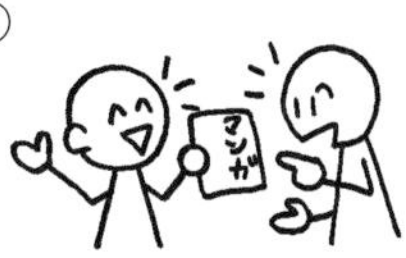

田中(たなか)→チェ

②

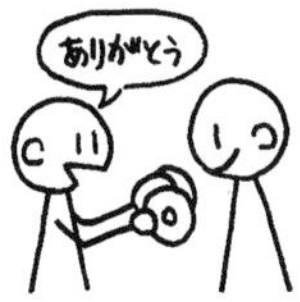

キム→かとう

③

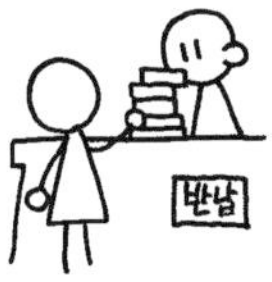

私(わたし)→図書館(としょかん)

④

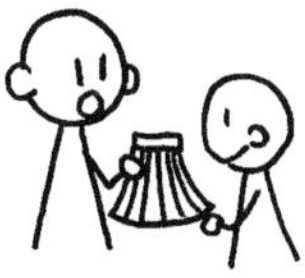

パク→(パクさんの)妹(いもうと)

⑤

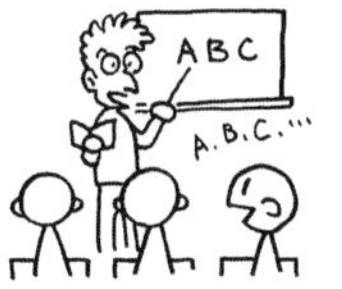

トム先生(せんせい)→私(わたし)

⑥

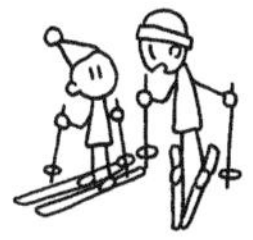

ムンさんの お兄(にい)さん→ムンさん

>> 보기 私(わたし) → 私(わたし)は 田中(たなか)さんに お金(かね)を 貸(か)しました。

① 田中(たなか)さん→ ______

チェさん→ ______

② キムさん→ ______

③ 私(わたし)→ ______

④ パクさん→ ______

パクさんの 妹(いもうと)→ ______

⑤ 私(わたし)→ ______

⑥ ムンさんの お兄(にい)さん→ ______

ムンさん→ ______

5 다음의 그림을 보고 보기와 같이 말해 봅시다.

>> 보기

インド　かんこく

① かんこく料理
日本料理
にほんりょうり

②

③
SEOUL
PUSAN

④

⑤

⑥ キムさん　ジョンさん

>> 보기 1

インドは　かんこくより　暑いです。
あつ

①

②

③

④

⑤

⑥

>> 보기 2

A：インドと　かんこくと　どちらが　暑いですか。
あつ

B：(かんこくより) インドの　ほうが　暑いです。
あつ

① A：　　　　　B：

② A：　　　　　B：

③ A：　　　　　B：

④ A：　　　　　B：

⑤ A：　　　　　B：

⑥ A：　　　　　B：

6 보기와 같이 말해 봅시다.

>> 보기

スポーツ・好きです（サッカー）
→ A：スポーツの 中で 何が いちばん 好きですか。
　 B：サッカーが いちばん 好きです。

① 映画・おもしろいです（アクション映画）
　 → A：
　 　 B：

② 日本料理・おいしいです（てんぷら）
　 → A：
　 　 B：

③ １年・寒いです（１月）
　 → A：
　 　 B：

④ クラス・まじめです（チェさん）
　 → A：
　 　 B：

⑤ かんこく・きれいです（キョンジュ）
　 → A：
　 　 B：

⑥ 家族・歌が 上手です（父）
　 → A：
　 　 B：

1

아래의 그림을 보고 보기와 같이 말해 봅시다. (あげます / もらいます / くれます)

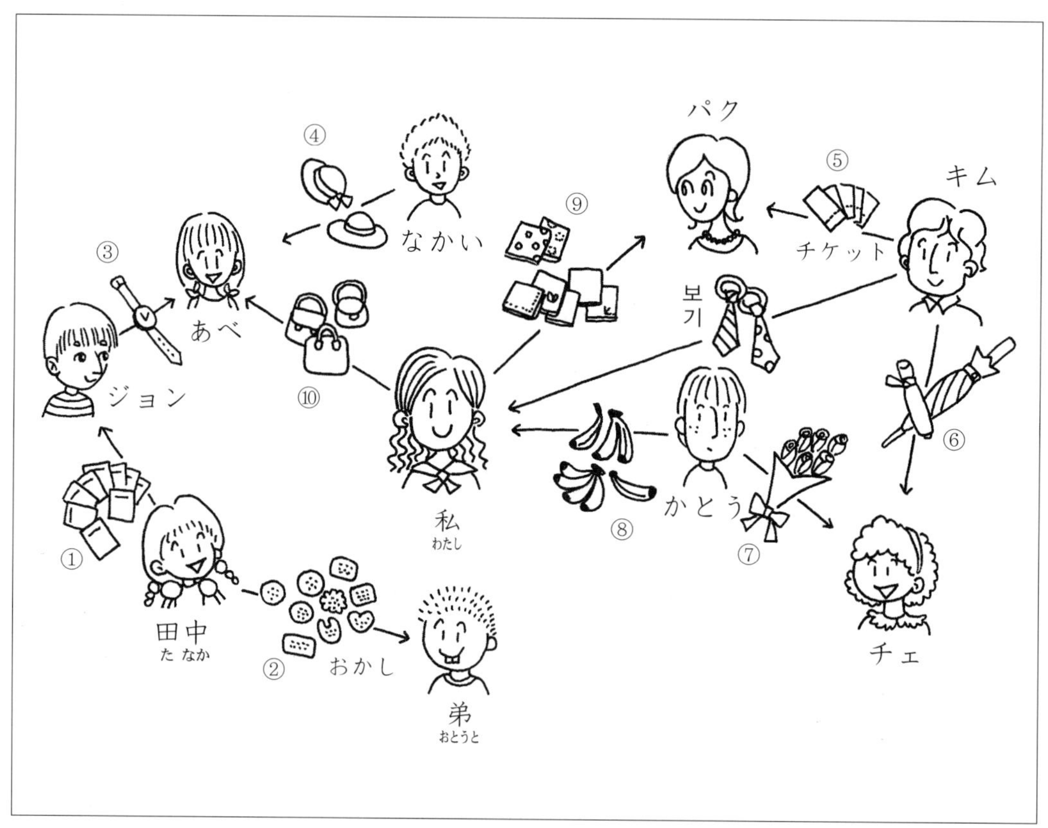

보기						
私 わたし	→	私は わたし	キムさんに	ネクタイを	2本 にほん	もらいました。
キムさん	→	キムさんが	(私に) わたし	ネクタイを	2本 にほん	くれました。

① 田中さん　　　→ ______________________
　　たなか

　ジョンさん　　→ ______________________

② 田中さん　　　→ ______________________
　　たなか

　弟　　　　　　→ ______________________
　おとうと

③ ジョンさん　　→ ______________________

　　あべさん　　　→ ______________________

④ あべさん　　　→ ______________________

　　なかいさん　　→ ______________________

⑤ パクさん　　　→ ______________________

　　キムさん　　　→ ______________________

⑥ キムさん　　　→ ______________________

　　チェさん　　　→ ______________________

⑦ チェさん　　　→ ______________________

　　かとうさん　　→ ______________________

⑧ かとうさん　　→ ______________________

　　私（わたし）　→ ______________________

⑨ 私（わたし）　→ ______________________

⑩ 私（わたし）　→ ______________________

2 다음의 단어를 나열해서 올바른 문장으로 만드시오.

① コーヒー／が／こうちゃ／は／わたし／の／好きです／より／ほう

→

② パソコン／パソコン／は／アンさんの／この／新しい／です／より

→

③ か／と／と／が／べんりです／バス／どちら／地下鉄

→

④ テニス／楽しい／の／で／が／中／です／スポーツ／いちばん

→

⑤ イさん／なかいさん／1ヶ月／に／を／教えます／2回／は／かんこく料理／に

→

⑥ は／3さつ／に／車／ぜんぶ／私／借りました／の／田中さん／を／
ざっし／で

→

⑦ ピアノ／に／あべさん／に／を／1週間／は／パクさん／習います／
1回

→

⑧　私／かさ／2本／金曜日／に／を／は／の／チェさん／貸しました／先週
　　わたし　　　　にほん　きんよう び　　　　　　　　　　　　　　　　　か　　　　　せんしゅう

　　→ ____

⑨　くれました／に／が／10本／を／りんご／を／いつつ／私／キムさん／
　　　　　　　　　　　　じゅっぽん　　　　　　　　　　　　　わたし
　　バナナ／と

　　→ ____

⑩　ピザ／レストラン／食べました／の／の／8かい／3まい／私／デパート
　　　　　　　　　　　　　た　　　　　　　　　　　　　　　　　わたし
　　／は／で／を

　　→ ____

1 学生ばんごうは　何ばんですか。
　　がくせい　　　　　　　　なん

2 去年　友だちの　たんじょうびに　何を　あげましたか。
　　きょねん　とも　　　　　　　　　　　なに

3 去年の　たんじょうびに　何を　もらいましたか。だれが　くれましたか。
　　きょねん　　　　　　　　なに

4 たんじょうびに　何を　もらいたいですか。どうしてですか。
　　　　　　　　　なに

5 プレゼントの　中で　何が　いちばん　うれしかったですか。
　　　　　　　なか　なに

6 やきゅうと　サッカーと　どちらが　好きですか。どうしてですか。
　　　　　　　　　　　　　　　　　す

7 ソラク山と　チリ山と　どちらが　高いですか。
　　　　さん　　　さん　　　　　　たか

8 1ヶ月に　何回　映画を　見ますか。
　いっかげつ　なんかい　えいが　み

9 かんこく料理の　中で　何が　いちばん　おいしいですか。
　　　　りょうり　なか　なに

10 きせつの　中で　いつが　いちばん　いいですか。どうしてですか。
　　　　　なか

기본회화1				りんご		사과
じつは	(実)は	실은		はな	花	꽃
ろうそく		양초		しろい	白い	하얗다
うれしい	(嬉)しい	기쁘다		**문형연습**		
あまい	甘い	달다		ノート		노트
もの	物	물건, 것		ネクタイ		넥타이
～かげつ	～ヶ月	~개월		けいさつ	(警察)	경찰
つくりかた	作り方	만드는 법		ばんごう	(番号)	번호
ほんとう	(本当)	정말		ティーシャツ	Tシャツ	티셔츠
기본회화2				みかん		귤
しんかんせん	(新幹線)	신칸센		くろい	黒い	검다
～しゅうかん	～週間	~주간		チョコレート		초콜릿
～ぐらい	(位)	정도		スキー		스키
のぞみ		노조미(희망)		インド		인도
～じかん	～時間	~시간		からい	(辛)い	맵다
かかります		걸립니다		バナナ		바나나
ひかり		히카리(빛)		アクション		액션
おそい	(遅)い	느리다		クラス		클래스
りょうきん	料金	요금		まじめな		성실하다
おなじ	同じ	똑같음		**응용연습**		
こだま		고다마(메아리)		おかし	お(菓子)	과자
はやい	(速)い	빠르다		**말해봅시다**		
ふべんな	不便な	불편하다		チリさん	チリ山	지리산
새로나온 표현						
かいがい	海外	해외				

Activity

1 페어 워크

다음의 ①-④의 사람에게 무엇을 주는지 파트너에게 물어 봅시다.
파트너는 답할 때 이유도 말해 봅시다. A와 B를 교대로 말해 봅시다.

>> 보기

A：お父さんの　たんじょうびに　何を　あげますか。
B：おさけを　あげます。父は　おさけが　好きですから。

① お父さん／お母さん

② お兄さん／お姉さん／弟／妹

③ 友だち

④ かれし／かのじょ

한국의 여자배우와 남자배우가 최근에 결혼을 했습니다. 여자배우 역할과 남자배우 역할을
정하고, 나머지 사람들은 매스컴의 인터뷰어가 되어서 보기와 같이 질문해 봅시다.
여자배우 역할과 남자배우 역할을 하는 사람은 질문에 답해 봅시다.

> いつ・どこ・何・どうして・どんな・いくら・何人(こ・まい・さつ…)

Q：どこで　〜さんに　会いましたか。

Q：どうして　〜さんは　〜さんと　けっこん(結婚) したかったですか。

　　しんこん(신혼)　生活(생활)は　どうですか。

Q：けっこんゆびわ(결혼반지) は　いくらでしたか。

　　自動車(자동차) より　高かったですか。

Q：〜さんは　〜さんの　どんな　ところ(곳, 점)が　いちばん　好きですか。

Q：たんじょうびに　何を　あげましたか。何を　もらいましたか。

Q：〜さんと　〜さんと　どちらが　料理が　上手／ロマンチック／まじめ／
　やさしいですか。

Q：うちは　どこに　ありますか。

Q：1 週間に　何回　いっしょに　ばんごはんを　食べますか。

회화를 듣고 다음 1~4의 문장의 밑줄친 부분에 회화의 내용과 맞는 말을 넣으시오.

1　お正月の　次の　日は ＿＿＿＿＿＿＿＿＿ です。

2　たかはしさんは　お年玉を ＿＿＿＿＿＿＿ 円　もらいました。

3　あべさんの　友だちは　あべさんに　セーターを ＿＿＿＿ まいと

　　ＤＶＤを ＿＿＿＿ まい　あげました。

4　あべさんは ＿＿＿＿ に　英語の　じしょを　1さつ ＿＿＿＿＿＿＿。

　　前の日(전날)　　お正月(설날)　　次の日(다음날)　　お年玉(세뱃돈)　　わあ(와아)
ちょうど(정확히)　セーター(스웨터)

다음 글을 읽고, 1~4의 문장이 글 내용과 맞으면 괄호에 ○표를, 다르면 ×표를 하시오.

私は　よく　コンビニで　買い物を　します。家の　近くに　コンビニが　ふたつ　あります。「にこにこ屋」と　「アルプス」です。「にこにこ屋」は　小さいですが、家の　前の　マンションの　1かいに　ありますから、とても　べんりです。パンや　ジュースを　よく　買います。安くて　おいしいですから。おかしは　あまり　多くないです。

「アルプス」は　家から　歩いて　10分ぐらい　かかります。ざっしや　おにぎりや　ビールを　買います。ビールは「にこにこ屋」より　安いです。ざっしも「にこにこ屋」より　しゅるいが　多いです。「アルプス」の　近くに　友だちの　家が　あります。ときどき　あそびに　行きます。その時　私は　パンと　ビールを　ふたつの　コンビニで　買います。

マンション(맨션)　パン(빵)　おにぎり(주먹밥)　しゅるい(종류)　その時(그 때)

1　(　　)「にこにこ屋」は　べんりですが、小さいです。

2　(　　)「にこにこ屋」は　おかしが　安くて　おいしいです。

3　(　　)ビールは　「にこにこ屋」の　ほうが　「アルプス」より　安いです。

4　(　　)ときどき　友だちの　家に　あそびに　行きます。その時、
　　　　　「アルプス」で　パンと　ビールを買います。

12 からしと しょうゆを 入れてください。
_い
겨자와 간장을 넣어 주세요.

기·본·문·형 1-08

1. すみませんが、ちょっと てつだってください。

2. 本を 読んで、レポートを 書きます。
   ほん よ   か

3. しゅくだいを してから、テレビを 見ました。
                              み

4. あしたの 5時までに 電話します。
        ご じ   でん わ

なっとうの 食べ方（た　かた）　1-09

パク　　それは　何（なん）ですか。

あべ　　なっとうです。日本（にほん）では　朝（あさ）ごはんの　時（とき）、よく　食（た）べます。

パクさんも　どうぞ。

パク　　ああ、それが　なっとうですか。はじめて　見（み）ました。

どうやって　食（た）べますか。

食（た）べ方（かた）が　わかりませんから、教（おし）えてください。

あべ　　まず、ねぎを　切（き）って、入（い）れます。

それから、からしと　しょうゆを　入（い）れてください。

はしで　よく　かきまぜてから、ごはんと　いっしょに

食（た）べてください。

パク　　あの、どのぐらい　かきまぜますか。

あべ　　何回（なんかい）も　かきまぜてください。

パク　　このぐらいですか。

あべ　　はい、いいですよ。

パク　　じゃあ、いただきます。あれ、ちょっと　くさいですね。

あべ　　そうですか。私（わたし）は　くさくないですよ。

もうひとつ　食（た）べたいです。

낫토를 먹는 법

박	그것은 무엇입니까?		세요.
아베	낫토입니다. 일본에서는 아침식사 때 자주	박	저어, 어느 정도 휘젓습니까?
	먹습니다. 박 씨도 드세요.	아베	몇 차례나(여러 차례) 휘저어 주세요.
박	아아, 그것이 낫토입니까? 처음 봤습니다.	박	이 정도입니까?
	어떻게 먹습니까?	아베	예, 좋아요.
	먹는 법을 모르니까 가르쳐 주세요.	박	그럼, 잘 먹겠습니다. 아아 이런, 좀 고약한
아베	우선 파를 잘라서 넣습니다.		냄새가 나는군요.
	그리고나서 겨자와 간장을 넣어 주세요.	아베	그래요? 나는 고약하지 않아요.
	젓가락으로 잘 휘젓고 나서 밥과 함께 먹으		하나 더 먹고 싶어요.

ジャン　　すみません。あの、本を　借りたいですが。
　　　　　　　　　　　　　　　ほん　　か

職員　　　じゃあ、カードを　作ってください。学生ですか。
しょくいん　　　　　　　　　　つく　　　　　　　　　　がくせい

ジャン　　はい。どうやって　作りますか。
　　　　　　　　　　　　　　つく

職員　　　まず、学生しょうを　見せてください。それから、写真を　出
しょくいん　　　がくせい　　　　　み　　　　　　　　　　　　　　　しゃしん　　だ

　　　　　してください。

ジャン　　写真は　1まいしか　ありませんが。
　　　　　しゃしん

職員　　　1まいで　いいですよ。では、ここに　住所と　名前と　電話ばん
しょくいん　　　　　　　　　　　　　　　　　　じゅうしょ　　なまえ　　でんわ

　　　　　ごうを　書いてください。カードは　あしたまで　かかります。
　　　　　　　　か

ジャン　　でも、きょう、本を　借りたいですが。
　　　　　　　　　　　ほん　　か

職員　　　きょうから　だいじょうぶですよ。3さつまでです。
しょくいん

ジャン　　3さつだけですか。

職員　　　はい。来週の　木曜日までに　本を　かえしに　来てください。
しょくいん　　　らいしゅう　もくようび　　　ほん　　　　　　　　き

　　　　　その時、カードを　もらってください。
　　　　　　とき

ジャン　　わかりました。ありがとうございます。

도서관에서

장	실례합니다. 저어, 책을 빌리고 싶은데요.	장	하지만, 오늘 책을 빌리고 싶은데요.
직원	그럼, 카드를 만드세요. 학생이에요?	직원	오늘부터 괜찮습니다 (빌릴 수 있습니다).
장	예, 어떻게 해서 만듭니까?		세 권까지입니다.
직원	우선 학생증을 보여주세요. 그리고 사진을	장	세 권뿐입니까?
	제출해 주세요.	직원	예, 다음 주 목요일까지 책을 반납하러
장	사진은 한 장 밖에 없는데요.		와 주세요. 그 때 카드를 받아가세요.
직원	한 장으로 좋아요. 그러면 여기에 주소와	장	알았습니다. 감사합니다.
	이름과 전화번호를 써 주세요.		
	카드는 내일까지 시간이 걸립니다.		

もう＋ 수량사

수량사와 함께 사용하여 그 수나 양만큼 더 추가하는 것을 나타낸다.

예 みかんを　もうひとつ　食べてください。
た
귤을 하나 더 먹어주세요.

もう少し　ゆっくり　言ってください。
すこ　　　　　　　　　い
좀 더 천천히 말해 주세요.

동사의 ます형(〜ます)　＋方(〜하는 방법)
かた

동사의 ます형에 붙어서 어떠한 구체적인 방법을 나타낸다.

예 この漢字の　読み方を　教えてください。
かん じ　　よ　かた　　おし
이 한자의 읽는 법을 알려주세요.

パソコンの　使い方が　わかりません。
つか　かた
컴퓨터의 사용법을 모릅니다.

〜だけ(〜만)／〜しか(〜밖에)＋ 동사의 부정형 ／〜も(〜도, 〜나)

「〜だけ」: 대상과 수량을 한정하는 것을 나타낸다.

「〜しか＋동사의 부정형」: 대상과 수량이 화자의 예상이나 희망보다 적은 것을 나타낸다.

「〜も」: 대상과 수량이 화자의 예상이나 희망보다 많은 것을 나타낸다.

예 きのう　日本語を　1時間だけ　勉強しました。
に ほん ご　　じ かん　　　べんきょう
어제 일본어를 한 시간만 공부했습니다.

教室に　学生が　5人しか　いません。
きょうしつ　　がくせい　　にん
교실에 학생이 다섯 명밖에 없습니다.

田中さんは　りんごを　やっつも　くれました。
た なか
다나카 씨는 사과를 여덟 개나 주었습니다.

MEMO

1　동사의 그룹을 구분하는 방법

동사는 활용방법에 따라 3개의 그룹으로 나뉜다.

(1)　Ⅰ그룹 동사 :「ます」앞의 모음이 [i]인 것.(かいます, かきます, はなします)

(2)　Ⅱ그룹 동사 :「ます」앞의 모음이 [e]인 것.(たべます, おしえます, ねます)

　　　　　　*예외 : 見ます, 起きます, います, 借ります, あびます, おります 등

(3)　Ⅲ그룹 동사 : します, 来ます

2　て형을 만드는 방법

동사의 그룹		ます형	て형
Ⅰ	い・ち・り→って	かいます	かって
		まちます	まって
		かえります	かえって
	み・び・に→んで	のみます	のんで
		あそびます	あそんで
		しにます	しんで
	き→いて　ぎ→いで	かきます	かいて
		いきます	いって　(예외)
		およぎます	およいで
	し→して	はなします	はなして

		たべ<u>ます</u> ね<u>ます</u> お<u>きます</u> か<u>ります</u> み<u>ます</u> い<u>ます</u>	たべ<u>て</u> ね<u>て</u> お<u>きて</u> か<u>りて</u> み<u>て</u> い<u>て</u>
III		<u>きます</u> <u>します</u> べんきょう<u>します</u>	<u>きて</u> <u>して</u> べんきょう<u>して</u>

3 ～てください

동사의 て형 ＋ください (~해 주세요, ~하세요)

의뢰(화자의 이익을 위해서 이야기를 듣는 사람에게 무엇인가를 부탁하는 표현), 지시(이야기를 듣는 사람 자신의 이익이 되는 행위를 하도록 권하는 표현), 권장(의뢰와 지시의 중간적인 표현)을 나타낸다.

例 すみませんが、ちょっと てつだってください。

미안하지만, 좀 도와 주세요.

この 薬を 1日に 3回 飲んでください。
이 약을 하루에 세 번 먹으세요.

ぜひ 家に 遊びに 来てください。
꼭 집에 놀러 와 주세요.

4 ～て

> 동사의 て형 、 ～ (~하고, ~)

두 개 이상의 동작이 계속해서 일어날 때, 동작이 일어난 순서로「て형」을 사용해서 서술하는 표현법으로서, 시제는 문장의 끝부분의 동사의 형태에 의해서 결정된다.

예 本を 読んで、レポートを 書きます。 책을 읽고 리포트를 씁니다.

会話を 聞いて、質問に 答えてください。 회화를 듣고 질문에 답해 주세요.

A: きのう、よこはまへ 行って、何を しましたか。

어제 요코하마에 가서 무엇을 했습니까?

B: 海を 見ながら こうえんを さんぽして、買い物して、それから

ちゅうか料理を 食べました。

바다를 보면서 공원을 산책하고 쇼핑을 하고, 그리고 나서 중화요리를 먹었습니다.

5 ～てから

> 동사의 て형 ＋から、～ (~하고 나서~)

두 개의 동작의 시간적인 전후관계를 나타낸다. 앞의 동작이 완료한 후에 뒤의 동작이 행해지는 것을 강조한다. 시제는 문장 끝의 동사의 형태에 의해서 결정된다.

例 しゅくだいを　してから、テレビを　見ました。 숙제를 하고 나서 TV를 봤습니다.

シャワーを　あびてから、ねます。 샤워를 하고 나서 잡니다.

昼ごはんを　食べてから、サッカーを　しましょう。
점심밥을 먹고 나서 축구를 합시다.

6　～までに (～까지)

「～まで」는「～まで」에서 표현되는 시점까지 계속하여 동작과 사건이 이어지고 있는 것을 나타낸다. 이에 비해서「～までに」는 동작의 기한과 마감시간을 나타낸다.

例 あしたの　5時までに　電話します。 내일 다섯 시까지 전화하겠습니다.

ゆうべ　2時まで　電話しました。 어제 밤 두 시까지 전화했습니다.

（○）来週の　金曜日までに　レポートを　出してください。
다음 주 금요일까지 리포트를 제출해 주세요.

（×）来週の　金曜日まで　レポートを　出してください。

（○）夜の　2時まで　しんじゅくで　あそびます。
밤 두 시까지 신주쿠에서 놉니다.

（×）夜の　2時までに　しんじゅくで　あそびます。

1　다음의 문장의 동사를 「～てください」의 문형으로 바꾸시오.

① この　写真を　見ます。
　　　　しゃしん　　み

② 3時に　銀行へ　行きます。
　　じ　　ぎんこう　　い

③ じしょを　貸します。
　　　　　　か

④ 先生の　話を　よく　聞きます。
　せんせい　はなし　　　　き

⑤ ごはんを　たくさん　食べます。
　　　　　　　　　　　た

⑥ 来週の　水曜日に　本を　かえします。
　らいしゅう　すいよう び　ほん

2 보기와 같이 다음의 두 개의 문장을 「〜から、〜てください」의 문장으로 바꾸시오.

時間が　ありません。急ぎます。
→時間が　ありませんから、急いでください。

① 9時です。早く　起きます。

　→ ____

② トイレへ　行きます。ちょっと　待ちます。

　→ ____

③ じゅぎょうを　始めます。みなさん、いすに　すわります。

　→ ____

④ 私は　日本語が　よく　わかりません。もう少し　ゆっくり　話します。

　→ ____

⑤ この　パソコンの　使い方が　わかりません。教えます。

　→ ____

⑥ 「て형」は　大切です。よく　おぼえます。

　→ ____

3 다음의 그림을 보고 보기와 같이 말해 봅시다.

>> 보기

7時に　起きて、ごはんを　食べて、それから　学校へ　行きます。
（じ）（お）　　　　　　（た）　　　　　　　（がっこう）（い）

① ____

② ____

③ ____

④ ____

⑤ ____

⑥ ____

4 다음의 그림을 보고 보기와 같이 말해 봅시다.

>> 보기　テレビを　見てから、本を　読みます。
　　　　　　　　み　　　　ほん　　　よ

①　＿＿＿＿＿＿＿＿＿＿　　②　＿＿＿＿＿＿＿＿＿＿

③　＿＿＿＿＿＿＿＿＿＿　　④　＿＿＿＿＿＿＿＿＿＿

⑤　＿＿＿＿＿＿＿＿＿＿　　⑥　＿＿＿＿＿＿＿＿＿＿

5 문장에 알맞은 단어를 고르시오.

①　本は　木曜日(まで、　までに)　図書館に　かえしてください。
　　ほん　もくよう び　　　　　　　　と しょかん

②　私は　毎日　5時(まで、　までに)　働きます。
　　わたし　まいにち　じ　　　　　　　はたら

③　今日は　父の　たんじょうびですから、7時 (まで、　までに)　家に　帰ります。
　　きょう　ちち　　　　　　　　　　　　　じ　　　　　　　　　　いえ　かえ

④　がくえんさいが　ありますから、じゅぎょうは、あした（まで、　までに）　休み
　　　　　　　　　　　　　　　　　　　　　　　　　　　　　　　　　　　　　やす

です。

⑤　けさ　5時(まで、　までに)　カラオケで　歌を　歌いました。
　　　　　じ　　　　　　　　　　　　　　　うた　うた

⑥　30さい(まで、　までに)　けっこんしたいです。

1 아래의 □에서 올바른 동사를 골라서 보기와 같이 문장을 완성하시오.

> 보기　　はを（みがいて）、顔を（洗って）から、（ねて）ください。
> 　　　　　　　　　　　　　　かお　　あら

① 毎日、音楽を（　　　　　）ながら　本を（　　　　　）、ねます。
　　まいにち　おんがく　　　　　　　　　　　　　　　ほん

② きのう、友だちに　電話（　　　　　）から、ミョンドンで　会いました。
　　　　　とも　　　　でんわ　　　　　　　　　　　　　　　　あ

③ じゅぎょうが（　　　　　）から、図書館へ　本を（　　　　　）に　行き
　　　　　　　　　　　　　　　　としょかん　ほん　　　　　　　　　い
ます。

④ 先週の　日曜日　海で（　　　　　）から、ボートに（　　　　　）。
　　せんしゅう　にちようび　うみ

⑤ あっ、バスが（　　　　　）から、（　　　　　）ましょう。

⑥ ビビンバの（　　　　　）方が　わかりませんから、（　　　　　）ください。
　　　　　　　　　　　かた

⑦ 先週　友だちと　ソラク山に（　　　　　）、おべんとうを　食べました。
　　せんしゅう　とも　　　　　さん　　　　　　　　　　　　　　　た

⑧ きのう　こいびとの　写真を（　　　　　）母に（　　　　　）。
　　　　　　　　　　　しゃしん　　　　　　　はは

⑨ 私は　かさが　2本（　　　　　）から、どうぞ、これを（　　　　　）
　　わたし　　　　　ほん
ください。

⑩ 暑いですから、ジュースを（　　　　　）ながら、こうえんを（　　　　　）
　　あつ
ましょう。

~~みがきます~~　さんぽします　します　のぼります　使います　飲みます
　　　　　　　　　　　　　　　　　　　　　　　つか　　　　　の
食べます　読みます　聞きます　終わります　教えます　急ぎます
た　　　　よ　　　　き　　　　お　　　　　　おし　　　　いそ
~~洗います~~　~~ねます~~　あります　かえします　およぎます　乗ります
あら　　　　　　　　　　　　　　　　　　　　　　　　　　　の
来ます　とります　見せます
き　　　　　　　　み

2 （　　）に　알맞은　조사를　넣으시오. 조사가　필요　없으면　×를　넣으시오.

① A：今、お金が　いくら　ありますか。

　　B：5000ウォン（　　　　）ありません。

② レポート（　　　　）あしたまで（　　　　）研究室（　　　　）出してください。

③ A：朝は　何（　　　　）食べません（　　　　）、コーヒー（　　　　）飲みます。

　　B：えっ、コーヒー（　　　　）ですか。おなか（　　　　）すきませんか。

④ A：しゅくだい（　　　　）ぜんぶ（　　　　）しましたか。

　　B：いいえ、日本語の　しゅくだい（　　　　）しませんでした。

　　　英語の　しゅくだいは　しませんでした。

⑤ A：どんな　時計（　　　　）ほしいですか。

　　B：かわいい（　　　　）（　　　　）ほしいです。

⑥ A：きのう　友だち（　　　　）20本（　　　　）ビールを　飲みました。

　　B：えっ、20本（　　　　）ですか。たくさん（　　　　）飲みましたね。

⑦ A：パクさんは、いつ（　　　　）来ますか。

　　B：1時まで（　　　　）来ます（　　　　）、もう少し　待ってください。

　　　いっしょ（　　　　）昼ごはん（　　　　）食べましょう。

⑧ これは　ちょっと（　　　　）大きいです。もう少し　小さい（　　　　）

　　（　　　　）ください。

⑨ 私（　　　　）家（　　　　）は　じしょ（　　　　）2さつ（　　　　）ありません

　　（　　　　）、パクさん（　　　　）家（　　　　）は　8さつ（　　　　）あります。

⑩ きのう、仕事（　　　　）たくさん（　　　　）ありました（　　　　）、

　　夜　10時まで（　　　　）会社（　　　　）働きました。

1 家から　大学まで　どうやって　来ますか。
　　いえ　　　だいがく　　　　　　　　き

　　どのぐらい　かかりますか。

2 ビビンバは　どうやって　食べますか。
　　　　　　　　　　　　　た

3 今まで　どのぐらい　日本語を　勉強しましたか。
　　いま　　　　　　　にほんご　べんきょう

4 たんじょうびを　教えてください。学生しょうを　見せてください。
　　　　　　　　おし　　　　　　　がくせい　　　　　み

5 夏休み／冬休みに　何を　しますか。話してください。
　なつやす　ふゆやす　なに　　　　　　はな

6 こんばん　何時までに　家へ　帰りますか。
　　　　　なんじ　　　　いえ　かえ

7 きょう　じゅぎょうが　終わってから、何を　しますか。
　　　　　　　　　　　お　　　　　　なに

8 きのう　家へ　帰ってから、何を　しましたか。
　　　　いえ　かえ　　　　　　なに

9 何さいまでに　けっこんしたいですか。
　なん

10 そつぎょうしてから　何が　したいですか。
　　　　　　　　　　　なに

기본문형

てつだいます	手伝います	도와줍니다
レポート		리포트
でんわします	電話します	전화합니다

기본회화1

なっとう	(納豆)	낫토
ごはん	(御飯)	밥
はじめて	(初めて)	처음
どうやって		어떻게
わかります	分かります	알겠습니다
まず		우선
ねぎ		파
きります	切ります	자릅니다
いれます	入れます	넣습니다
からし		겨자
しょうゆ		간장
かきまぜます		휘젓습니다
なんかいも	何回も	몇 차례나
ちょっと		좀
くさい	(臭)い	고약한 냄새가 나다

기본회화2

カード		카드
がくせいしょう	(学生証)	학생증
みせます	見せます	보여줍니다
だします	出します	제출합니다
じゅうしょ	住所	주소
だいじょうぶな	(大丈夫)な	괜찮다

새로나온 표현

すこし	少し	조금
ゆっくり		천천히
かんじ	漢字	한자

문법설명

くすり	薬	약
ぜひ		꼭
こたえます	答えます	대답합니다
うみ	海	바다
さんぽします	(散歩)します	산책합니다
シャワー		샤워
あびます		샤워합니다

문형연습

はなし	話	이야기
はやく	早く	빨리
すわります	(座)ります	앉습니다
たいせつな	大切な	소중하다
おぼえます	(覚)えます	외웁니다
あらいます	洗います	씻습니다
おんせん	(温泉)	온천
うたいます	歌います	노래합니다
そつぎょうします	(卒業)します	졸업합니다
けっこんします	(結婚)します	결혼합니다
ボタン		버튼
おします	(押)します	누릅니다
がくえんさい	(学園祭)	대학 축제

응용연습

ボート		보트
おべんとう	お(弁当)	도시락
みがきます	(磨)きます	닦습니다
いそぎます	急ぎます	서두릅니다
すきます		(배가) 고픕니다

말해봅시다

どのぐらい		어느 정도, 얼마만큼

Activity

1 명령게임

가위바위보를 해서 이긴 사람은 진 사람에게 명령을 하세요.
진 사람은 이긴 사람의 명령에 따르세요.

> **보기**
>
> 後ろを　むいて　すわってください。
>
> たんじょうびの　歌を　英語で　歌ってください。
>
> 大きい　声で　好きな　人の　名前を　言いながら
> 歩いてください。

■立ちます(일어섭니다)　■歩きます(걷습니다)　■むきます(향합니다)　■手を上げます(손을 듭니다)　■わらいます(웃습니다)　■走ります(달립니다)

2 역할놀이

당신은 다음 장소를 가는 방법을 모르기 때문에 파트너에게 길을 물으세요.
파트너는 가는 방법을 알려주세요. 당신은 지도(A)를 보고, 파트너는 62페이지의 지도(B)를
보세요.

> **보기**

A : すみません。ゆうびんきょくは　どこですか。

B : まっすぐ(똑바로)　行って、ふたつ目(두 번째)の　しんごう
(신호)を　左に　まがって　ください(돌아주세요)。
ゆうびんきょくは　道(길)の　右がわ(오른쪽)に　あります
よ。

A : どうも　ありがとうございます。

（しつもん）

A えいがかん、きっさてん、しやくしょ

■まっすぐ(똑바로)　■左に　まがります(왼쪽으로 돌아갑니다)　■ひとつ目(첫 번째)
の　こうさてん(교차로)　■ふたつ目(두 번째)の　かど(모퉁이)　■はし(다리)／しん
ごう(신호)を　わたります(건넙니다)　■道(길)の　右がわ(오른쪽)　■むかい(맞은편)

>> 보기

A：すみません。ゆうびんきょくは　どこですか。

B：まっすぐ(똑바로)　行って、ふたつ目(두 번째)の　しんごう
　(신호)を　左に　まがってください(돌아주세요)。
　ゆうびんきょくは　道(길)の　右がわ(오른쪽)に　あります
　よ。

A：どうも　ありがとうございます。

(しつもん)

B としょかん、スーパー、すしや

회화를 듣고 다음의 질문에 답하시오.

1 女の人の　家は　どこですか。
　　おんな　ひと　　いえ

2 이 여자의 집까지 가는 방법을 설명한 것은 어느 것입니까? 올바른 것을 고르시오.

(a) つぎの　こうさてんを　右に　まがって　まっすぐ　行きます。それか
　　　　　　　　　　　　　みぎ　　　　　　　　　　　　　い
　　ら、はしを　わたって　右に　まがります。そして、ふたつ目の　こう
　　　　　　　　　　　　　みぎ　　　　　　　　　　　　め
　　さてんを　左に　まがって　１００メートルぐらい　行きます。
　　　　　　ひだり　　　　　　　　　　　　　　　　い

(b) つぎの　こうさてんを　右に　まがって　まっすぐ　行きます。そ
　　　　　　　　　　　　　みぎ　　　　　　　　　　　　　　い
　　れから、１００メートルぐらい　行って、ふたつ目の　こうさてんを
　　　　　　　　　　　　　　　　　い　　　　　　め
　　右に　まがります。そして、はしを　わたって　右に　まがります。
　　みぎ　　　　　　　　　　　　　　　　　　みぎ

(c) つぎの　こうさてんを　右に　まがって　まっすぐ　行きます。それ
　　　　　　　　　　　　　みぎ　　　　　　　　　　　　　い
　　から、ふたつ目の　こうさてんを　左に　まがって　１００メートル
　　　　　　め　　　　　　　　　　ひだり
　　ぐらい　行きます。そして、はしを　わたって　右に　まがります。
　　　　　い　　　　　　　　　　　　　　　　みぎ

3 女の人は　はじめに(처음에)　運転手に　いくら　お金を　あげましたか。
　　おんな　ひと　　　　　　　　うんてんしゅ　　　　　　かね

つぎ(다음)　こうさてん(교차로)　まがります(돌아갑니다)　まっすぐ(똑바로)　ふたつ目
　　　　　　　　　　　　　　　　　　　　　　　　　　　　　　　　　　　　め
(두 번째)　メートル(미터)　ええっと(음…)　はし(다리)　わたります(건너다)　道(길)　はし
　　　　　　　　　　　　　　　　　　　　　　　　　　　　　　　　　みち
(다리)　～がわ(~쪽)　むかい(맞은편)　マンション(맨션)　アパート(원 룸)　着きます(도착
　　　　　　　　　　　　　　　　　　　　　　　　　　　　　　　　つ
합니다)　おつり(거스름돈)

다음 글을 읽고, 1~5의 문장이 글 내용과 맞으면 괄호에 ○표를, 다르면 ×표를 하시오.

先週の 土曜日、私は 11時ごろ 起きてから、顔を 洗って、昼ごはんを 食べながら 新聞を 読みました。そして、シャワーを あびて、せんたくして、それから 友だちに 会いました。友だちと 映画を 見てから、きっさてんへ 行って コーヒーを 飲みながら 話しました。友だちは 7時に 帰りました。その後、私は 一人で ウインドウショッピングを して、しょくどうで ビビンバを 食べて、りょうに 帰りました。りょうに 着いてから、テレビを 見ながら 中間テストの 勉強を して ねました。

せんたくします(세탁합니다) ウィンドウショッピング(아이쇼핑) 着きます(도착합니다)

1 (　) 私は 昼ごはんを 食べてから、新聞を 読みました。

2 (　) 友だちに 会ってから、きっさてんへ 行きました。

3 (　) 友だちは ウインドウショッピングを しませんでした。

4 (　) 私と 友だちは ビビンバを 食べました。

5 (　) 私は 会社員です。

13 音楽を 聞く ことが 好きです。
음악을 듣는 것을 좋아합니다.

기·본·문·형 1-14

1. 私の しゅみは 本を 読む ことです。

2. かとうさんは 車を 運転する ことが できます。

3. 夏休みに 中国へ 旅行に 行く つもりです。

4. こんがっきは じゅぎょうに ちこくしない つもりです。

5. 木曜日までに 本を かならず 図書館に かえさなければ なりません。

6. 今週の 金曜日は 休みですから、会社に 行かなくても いいです。

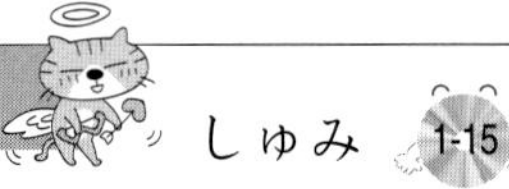

キム　あべさんの　しゅみは　何ですか。

あべ　歌を　歌う　ことです。

キム　そうですか。私は　音楽を　聞く　ことが　好きです。
　　　じゃあ、これから　カラオケへ　行きませんか。

あべ　ええ。でも、これから　友だちと　おさけを　飲みに　行く
　　　よていですが。

キム　そうですか。あべさんは　たくさん　おさけを　飲む　ことが
　　　できますか。

あべ　いいえ。少ししか　飲む　ことが　できませんが、友だちは
　　　おさけを　飲む　ことが　好きです。

キム　じゃあ、みんなで　いっしょに　カラオケへ　行きましょう。
　　　カラオケは　おさけを　飲む　ことが　できて、歌も　歌う　こと
　　　が　できます。私も　日本の　歌が　聞きたいですから。

あべ　それは　いいですね。じゃあ、友だちに　電話しますね。

キム　ええ、そうして　ください。早く　行きましょう。

취미

김　아베 씨의 취미는 무엇입니까?

아베　노래를 부르는 것입니다.

김　그렇습니까? 나는 음악을 듣는 것을 좋아합니다. 그러면 지금부터 가라오케에 가지 않겠습니까?

아베　예. 하지만 지금부터 친구와 술을 마시러 갈 예정인데요.

김　그래요? 아베 씨는 술을 많이 마실 수가 있습니까?

아베　아니오, 조금밖에 마실 수가 없습니다만, 친구는 술을 마시는 것을 좋아합니다.

김　그러면 모두 함께 가라오케에 갑시다. 가라오케는 술을 마실 수가 있고 노래도 부를 수가 있어요. 나도 일본노래를 듣고 싶으니까요.

아베　그것 좋군요. 그러면 친구에게 전화할게요.

김　예, 그렇게 해주세요. 빨리 갑시다.

かんこく語の　試験 1-16

パク　　なかいさん、こんばんの　飲み会に　行きますか。

なかい　そうですね。かならず　行かなければ　なりませんか。

パク　　いいえ、行かなくても　いいですよ。かとうさんも　行きませんから。何か　用事が　ありますか。

なかい　ええ。これから　かんこく語を　勉強しに　行かなければ　なりません。

パク　　えっ。なかいさん、かんこく語、とても　上手ですよ。

なかい　いいえ、まだまだです。それに　来月、かんこく語の　試験が　ありますから、今月は　いっしょうけんめい　勉強しなければ　なりません。

パク　　そうですか。ぜんぜん　知りませんでした。

なかい　去年は　試験に　おちましたから、今年は　かならず　ごうかく　したいです。

パク　　ごうかくしてから　何を　する　つもりですか。

なかい　かんこくの　会社に　しゅうしょくする　つもりです。

パク　　そうですか。じゃあ、来月　試験が　終わってから、いっしょに　飲みに　行きましょう。

한국어 시험

박　　나카이 씨, 오늘 회식에 갑니까?

나카이　글쎄요. 꼭 가야 합니까?

박　　아니오, 가지 않아도 됩니다. 가토 씨도 가지 않으니까요. 무언가 일이 있습니까?

나카이　예. 지금부터 한국어를 공부하러 가야 합니다.

박　　예? 나카이 씨, 한국어 매우 잘해요.

나카이　아니오, 아직 서툽니다. 게다가 다음 달에 한국어 시험이 있어서 이번 달은 열심히 공부해야 합니다.

박　　그렇습니까? 전혀 몰랐습니다.

나카이　작년에는 시험에 떨어졌기 때문에 올해에는 반드시 합격하고 싶어요.

박　　합격하고 나서 무엇을 할 생각입니까?

나카이　한국의 회사에 취직할 생각입니다.

박　　그래요? 그럼, 다음 달 시험이 끝나고 나서 함께 마시러 갑시다.

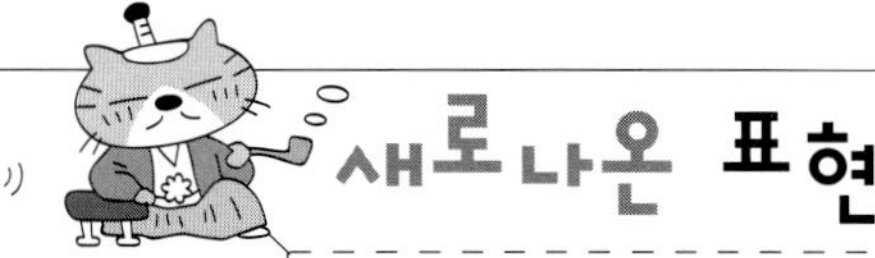

○ い형용사와 な형용사의 부사화

い형용사(〜い) + く

な형용사(〜だ) + に

예 こんばん　早く　ねる　つもりです。
오늘 밤 일찍 잘 예정입니다.

ゆうべ　みんなで　楽しく　おさけを　飲みました。
어젯밤 모두 즐겁게 술을 마셨습니다.

パクさんは　ひらがなを　きれいに　書く　ことが　できます。
박 씨는 히라가나를 예쁘게 쓸 수 있습니다.

1がっきに　試験に　おちましたから、こんがっきは　まじめに

勉強しなければ　なりません。
1학기에 시험에 떨어졌기 때문에, 이번 학기에는 성실하게 공부해야 합니다.

MEMO

1 동사의 기본형과 ない형을 만드는 법

기본형 : う단의 히라가나로 끝나는 동사의 활용형으로서, 사전에 표기되어 있는 점에서
　　　　「사전형(辞書形)」이라고도 한다.

ない형 : 부정을 나타내는 「〜ない(〜하지 않는다)」에 접속되는 동사의 활용형.

		ます형	기본형	ない형
동사	I	かいます	かう	*かわない
		まちます	まつ	またない
		かえります	かえる	かえらない
		あります	-imasu　ある	-imasu　*ない
		のみます	↓　のむ	↓　のまない
		あそびます	-u　あそぶ	-a+nai　あそばない
		かきます	かく	かかない
		およぎます	およぐ	およがない
		はなします	はなす	はなさない
동사 II III	II	たべます	たべる	たべない
		ねます	ねる	ねない
		おきます	おきる	おきない
		かります	かりる	かりない
		みます	みる	みない
		います	いる	いない
동사		きます	くる	こない
		します	する	しない
		うんてんします	うんてんする	うんてんしない

2 동사의 기본형 ＋ こと (~하는 것)

예 私の しゅみは 本を 読む ことです。
わたし　　　　　ほん　　よ

나의 취미는 책을 읽는 것입니다.

(＝ 私の しゅみは 読書です。)
わたし　　　　　　どくしょ

(＝나의 취미는 독서입니다.)

毎日 ふくしゅうする ことが 大切です。
まいにち　　　　　　　　　　　　　たいせつ

매일 복습하는 것이 중요합니다.

(＝毎日の ふくしゅうが 大切です。)
まいにち　　　　　　　　たいせつ

(＝매일의 복습이 중요합니다.)

私は おさけを 飲みながら、友だちと 話す ことが 好きです。
わたし　　　　　の　　　　　とも　　　はな　　　　　　　す

나는 술을 마시면서 친구와 이야기하는 것을 좋아합니다.

3 동사의 기본형 ＋ことが　できます (~할 수가 있습니다.)

능력과 상황의 가능성을 나타낸다.

예 かとうさんは　車を　運転する　ことが　できます。
가토 씨는 차를 운전할 수가 있습니다.

(＝ かとうさんは　車の　運転が　できます。)
(＝ 가토 씨는 자동차 운전이 가능합니다.)

キムさんは　ピアノを　ひく　ことが　できます。
김 씨는 피아노를 칠 수가 있습니다.

(＝ キムさんは　ピアノが　できます。)
(＝ 김 씨는 피아노가 가능합니다.)

あの　銀行では　ウォンを　円に　かえる　ことが　できます。
저 은행에서는 원화를 엔화로 바꿀 수가 있습니다.

教室では　たばこを　すう　ことが　できません。
교실에서는 담배를 피울 수가 없습니다.

4

| 동사의 기본형 | +つもりです (~할 생각/작정입니다) |

| 동사의 ない형 | +つもりです (~하지 않을 생각/작정입니다) |

보통 화자의 의지나 장래의 예정·계획을 나타내며, 제3자의 의지나 예정을 나타내기 어렵다.

예　夏休みに　中国へ　旅行に　行く　つもりです。
　　なつやす　　ちゅうごく　りょこう　　い
여름방학에 중국에 여행갈 생각입니다.

　　来年から　たばこを　やめる　つもりです。
　　らいねん
내년부터 담배를 끊을 작정입니다.

　　こんがっきは　じゅぎょうに　ちこくしない　つもりです。

이번 학기는 수업에 지각하지 않을 작정입니다.

▼「~つもりです」와 유사한 표현으로서 장래의 예정·계획을 나타내는「동사(기본형/ない
형)+よていです」의 문형이 있다.「つもりです」는 화자의 개인적인 의지에 바탕을 둔 예
정과 계획을 나타내며,「よていです」는 다른 사람과 상의해서 결정한 것이나 공적인 결정
사항 및 제3자의 예정과 계획을 나타낼 수가 있다.

예　私は　来年　しゅうしょくする　{つもりです(○)／よていです(○)}。
　　わたし　らいねん
나는 내년에 취직할 생각/예정입니다.

　　コンサートは　3時に　始まる　{つもりです(×)／よていです(○)}。
　　　　　　　じ　　はじ
콘서트는 세 시에 시작될 예정입니다.

　　さとうさんは　来年　けっこんする　{つもりです(×)／よていです(○)}。
　　　　　　　らいねん
사토 씨는 내년에 결혼할 예정입니다.

5 동사의 ない형(〜<s>ない</s>) ＋なければ なりません (〜해야 합니다)

해야 할 의무나 필요성이 있다고 하는 판단을 나타낸다.

예 木曜日までに 本を かならず 図書館に かえさなければ なりません。
　　もくようび　　　　　ほん　　　　　　　　　　としょかん
목요일까지 책을 반드시 도서관에 반납해야 합니다.

新しい 漢字を 50こ おぼえなければ なりません。
あたら　　かんじ
새로운 한자를 50개 외워야 합니다.

6 동사의 ない형(〜<s>ない</s>) ＋なくても いいです
(〜하지 않아도 됩니다)

「〜なくてもいいです」는 그 행위가 불필요한 것을 나타낸다.

예 今週の 金曜日は 休みですから、会社に 行かなくても いいです。
　　こんしゅう　　きんようび　　やす　　　　　　　かいしゃ　　い
이번 주 금요일은 휴일이니까 회사에 가지 않아도 됩니다.

A： あしたまでに レポートを 出さなければ なりませんか。
　　　　　　　　　　　　　　　　　　　だ
내일까지 리포트를 제출해야 합니까?

B： はい、あしたまでに 出<ruby>だ</ruby>さなければ なりません。

예, 내일까지 제출해야 합니다.

B： いいえ、あしたまでに 出<ruby>だ</ruby>さなくても いいです。来週<ruby>らいしゅう</ruby>の 木曜日<ruby>もくようび</ruby>までに

出<ruby>だ</ruby>してください。

아니오, 내일까지 제출하지 않아도 됩니다. 다음 주 목요일까지 제출해 주세요.

문형 연습

1 다음의 문장의 동사를 기본형/ない형으로 바꾸시오.

① たばこを　やめます。

→

② 今日の　午後　友だちに　会います。
　きょう　　ごご　とも　　　あ

→

③ 毎日　車を　運転します。
　まいにち　くるま　うんてん

→

④ 広い　こうえんで　あそびます。
　ひろ

→

⑤ 図書館で　本を　借ります。
　としょかん　ほん　か

→

⑥ 友だちに　お金を　かえします。
　とも　　　かね

→

2 취미는 무엇입니까? 아래의 그림을 보고 보기와 같이 답하시오.

76

>> 보기 A : しゅみは　何(なん)ですか。　B : 映画(えいが)を　見(み)る　ことです。

① B : ______　② B : ______

③ B : ______　④ B : ______

⑤ B : ______　⑥ B : ______

3 아래의 그림을 보고 보기와 같이 질문의 문장과 답변의 문장을 쓰시오.

>> 보기 A : 自動車(じどうしゃ)を　運転(うんてん)する　ことが　できますか。
B : はい、できます。

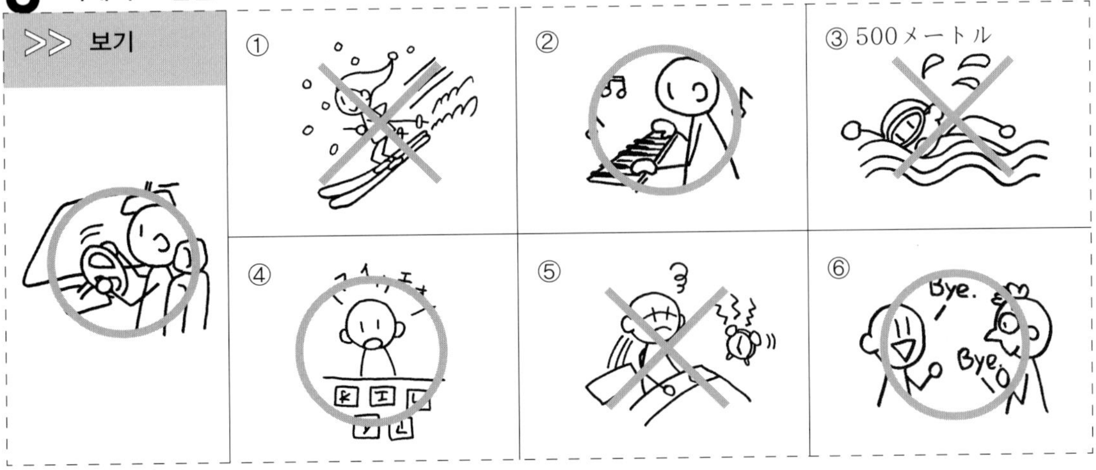

① ______　② ______

③ ______　④ ______

⑤ ______　⑥ ______

문형 연습

4 아래의 그림을 보고 보기와 같이 「つもり」를 사용해서 말하시오.

>> 보기	① 夏休み なつやす	②	③
たばこを やめる		④	⑤	⑥

>> 보기   たばこを　やめる　つもりです。

① ____

② ____

③ ____

④ ____

⑤ ____

⑥ ____

5 보기와 같이 다음의 두 개의 문장을 「〜から」와 「〜なければ　なりません」을 사용해서 하나의
문장으로 만드시오.

日本で　働きたいです。日本語を　勉強します。
→日本で　働きたいですから、日本語を　勉強しなければ　なりません。

① かぜを　ひきました。／薬を　飲みます。

→ ____

② へやが　きたないです。／そうじします。

→ ____

③ 父が　おこります。／早く　家へ　帰ります。

→ ____

④ 朝　9時から　じゅぎょうが　あります。／早く　起きます。

→ ____

⑤ オートバイに　乗ります。／ヘルメットを　かぶります。

→ ____

⑥ めんせつが　あります。／スーツを　着ます。

→ ____

6 보기와 같이 질문과 대답을 해보세요.

>> 보기
あした、会社へ　行きます。
→ A：あした、会社へ　行かなければ　なりませんか。
B：いいえ、行かなくても　いいです。

① 土曜日の　朝、早く　起きます。
→ A：________________
B：________________

② 日曜日も　大学へ　来ます。
→ A：________________
B：________________

③ へやの　かぎを　かけます。
→ A：________________
B：________________

④ 私も　かいぎに　出ます。
→ A：________________
B：________________

⑤ りんごを　買います。
→ A：________________
B：________________

⑥ 田中さんに　電話します。
→ A：________________
B：________________

7 （　　）속의 동사를 적절한 형태로 바꾸시오.

① むすめは　歌を　（歌います→　　　　　　　　）ながら、
（おどります→　　　　　　　　）ことが　好きです。

② こんばん　仕事が　ありますから、（飲みます→　　　　　　　　）に
（行きます→　　　　　　　　）ことが　できません。

③ 日本へ　（りゅうがくします→　　　　　　　　）たいですから、12月に
日本語の　試験を　（うけます→　　　　　　　　）よていです。

④ かいぎが　ありますから、しりょうを　（じゅんびします→　　　　　　　　）
なければなりません。すみませんが、ちょっと　（てつだいます→　　　　　　　　）
ください。

⑤ もう少し　（勉強します→　　　　　　　　）たいですから、今年は　（しゅう
しょくしません→　　　　　　　　）つもりです。

⑥ 時間が　ありますから、（急ぎます→　　　　　　　　）なくても　いいですよ。
ちょっと　（休みます→　　　　　　　　）ください。

1 마리 씨는 어머니에게 편지를 썼습니다. 아래의 □ 안에서 적절한 동사를 골라서 (   ) 속에 올바른 형태로 써넣으시오. 단, 같은 동사를 여러 번 사용해도 됩니다.

お母さんへ

　お元気ですか。きょうは　友だちを（　　）。キムさんは、かんこく人ですが、日本語と　英語を　上手に（　　）ことが　できます。大学を（　　）から　ホテルで（　　）よていです。

　トムさんは　カナダ人の　りゅうがくせいです。2年間　かんこく語を（　　）よていです。去年　1年間　勉強しましたから、もう　1年　かんこくに（　　）よていです。

　あべさんは　去年　かんこくに　来ました。専門は　けいえい学で、（　　）から、ぼうえき会社で（　　）よていです。毎日　学校で　あべさんに（　　）、昼ごはんを　いっしょに　食べます。私も　あべさんも　かんこく料理が　大好きで、何でも（　　）ことが　できます。さいきん　よく　タッカルビを（　　）に　行きます。きょうも　いっしょにビールを（　　）ながら　タッカルビを（　　）つもりです。

　夏休みに　あべさんと　1週間　チェジュドへ（　　）に　行きました。ホテルに（　　）。朝は　ボートに（　　）、昼は　ハルラ山に（　　）。とても　楽しかったです。また　チェジュドへ（　　）たいです。お母さんも　いっしょに（　　）ましょう。

　あしたは　休みですから　早く（　　）なくても　いいです。でも、あさってまでに　レポートを（　　）なければ　なりませんから、図書館へ（　　）つもりです。これから（　　）。お母さんも　また　手紙を（　　）ください。

まりより

あそびます　会います　食べます　ねます　りゅうがくします　書きます			
そつぎょうします　とまります　います　のぼります　乗ります　行きます			
働きます　勉強します　起きます　飲みます　話します　しょうかいします			

2 （　　）안의 형용사를 올바른 형태로 해서 문장을 완성하시오.

① 私は　去年の　たんじょうびに　（すてきです→　　　　　　　）セーターを
　もらいましたが、（小さいです→　　　　　　）から　妹に　あげました。

② （かっこいいです→　　　　　　　）、せが（高いです→　　　　　　）男の人が、
　おばあさんに　ソウル駅の　行き方を（親切です→　　　　　　）教えました。

③ きのう、（ひまです→　　　　　　）から、映画を　見に　行きました。映画は
　ぜんぜん（おもしろくないです→　　　　　　）、（よくないです→　　　　　）。

④ 田中さんは（まじめです→　　　　　　）勉強して、（有名です→　　　　　　）
　大学に　入りました。

⑤ あした　おきゃくさんが　来ますから、へやを（きれいです→　　　　　　）
　そうじする　つもりです。

⑥ きのう　デパートで（新しいです→　　　　　　）パソコンを（安いです→
　　　　　　）買いました。

⑦ 私は　毎朝（早いです→　　　　　　）起きなければ　なりませんから、
　夜（おそいです→　　　　　　）テレビを　見ません。

⑧ キムさんは　数学が（とくいです→　　　　　　）、いつも　テストで（かん
　たんです→　　　　　　）100てんを　とります。

⑨ 日本語は（むずかしいです→　　　　　　）、（たいへんです→　　　　　　）が、
　日本へ　りゅうがくしたいですから　がんばる　つもりです。

⑩ いつもは（しずかです→　　　　　　）しゅうまつですが、先週は　友だちが
　たくさん　来て、いっしょに（楽しいです→　　　　　　）あそびました。

1 しゅみは　何ですか。
　　　　　　なん

2 スポーツの　中で　何を　する　ことが　できますか。
　　　　　　　なか　なに

3 まんがを　読む　ことが　好きですか。
　　　　　　よ　　　　　　す

4 キムチを　作る　ことが　できますか。
　　　　　　つく

5 何メートルぐらい　およぐ　ことが　できますか。
　なん

6 どのぐらい　おさけを　飲む　ことが　できますか。
　　　　　　　　　　　　の

7 今週の　しゅうまつ　何を　する　つもりですか。（〜つもりです／
　こんしゅう　　　　　なに

　よていです）

8 大学を　そつぎょうしてから、何を　する　つもりですか。（〜つもり
　だいがく　　　　　　　　　　なに

　です／よていです）

9 まいばん　早く　家に　帰らなければ　なりませんか。
　　　　　　はや　いえ　かえ

10 かんこくでは　みんな　ぐんたいに　行かなければ　なりませんか。
　　　　　　　　　　　　　　　　　　い

기본문형		
しゅみ	(趣味)	취미
こんがっき	今学期	이번 학기
かならず	(必)ず	반드시

기본회화1		
これから		지금부터
みんなで		모두 같이
そうします		그렇게 합니다

기본회화2		
しけん	試験	시험
のみかい	飲み会	회식
ようじ	用事	일, 용무
まだまだ		아직 서툼
いっしょうけんめい	(一生懸命)	열심히
おちます	(落)ちます	떨어집니다
ごうかくします	(合格)します	합격합니다
しゅうしょくします	(就職)します	취직합니다

문법설명		
どくしょ	読書	독서
ふくしゅう	復習	복습
ひきます	(弾)きます	칩니다
かえます	(替)えます	바꿉니다
たばこ		담배
すいます	(吸)います	피웁니다
やめます		그만둡니다
よてい	予定	예정
コンサート		콘서트

문형연습		
え	(絵)	그림
かきます	(描)きます	그립니다
じどうしゃ	自動車	자동차

メートル		미터
りゅうがくします	(留学)します	유학합니다
かぜ	(風邪)	감기
ひきます		걸립니다
きたない	(汚)ない	더럽다
そうじします	(掃除)します	청소합니다
おこります	(怒)ります	화냅니다
オートバイ		오토바이
ヘルメット		헬멧
かぶります		(모자를) 씁니다
スーツ		양복
かけます	(掛)けます	(열쇠를) 잠급니다
でます	出ます	(회의에) 참석하다
むすめ	(娘)	딸
おどります	(踊)ります	춤춥니다
うけます	(受)けます	(시험을) 치릅니다
しりょう	(資料)	자료
じゅんびします	(準備)します	준비합니다

응용연습		
ぼうえき	(貿易)	무역
なんでも	何でも	무엇이든지
タッカルビ		닭갈비
ハルラさん	(漢拏山)	한라산
おきゃくさん	お(客)さん	손님
おそい	(遅)い	늦다
すうがく	数学	수학
ひゃくてん	100点	100점
いつも		항상

말해봅시다		
ぐんたい	(軍隊)	군대

1

클래스 액티비티 : 동사의 촬용형 게임(ます형, 기본형, ない형, て형)

네 사람이 한 조가 되어서 각각 동사의 ます형(非過去), て형, 기본형, ない형을 표현할 사람을 정하시오. ます형을 표현할 사람이 먼저 문장을 말하고 다른 사람이 순서대로 각각의 문장을 표현해 나갑니다. 그리고 틀린 사람은 마이너스 1점을 받는데, 제일 먼저 마이너스 3점을 받는 사람이 지는 게임입니다. 게임에서 진 사람은 표현이 가능한 것을 앞에 나와서 표현하거나, 그 흉내를 내세요.

> **>> 보기**
>
> ます형을 表現하는 사람：きょう、図書館で　本を　読みます。
>
> 기본형을 表現하는 사람：きょう、図書館で　本を　読む。
>
> ない형을 表現하는 사람：きょう、図書館で　本を　読まない。
>
> て형을 表現하는 사람　：きょう、図書館で　本を　読んで。

마이너스 3점을 받아서 진 사람 ： すいえいが　できます。／およぐ　ことが
　　　　　　　　　　　　　　　　　できます。(몸동작을 하면서 말한다)

2 패어워크

다음의 인생 설계표에 당신의 인생의 계획을 써서 보기와 같이 말하시오.

>> 보기

A : 22さいで　何を　しますか。
B : いっしょうけんめい　勉強する　つもりです。そして　いい
　　せいせき(성적)で、大学を　そつぎょうしたいです。
A : 大学を　そつぎょうしてから　何を　しますか。
B : ～さいで、～。

22さい	いっしょうけんめい　勉強する　つもりです。
さい	①
さい	②
さい	③
さい	④
さい	⑤
さい	⑥
さい	⑦

1-19

회화를 듣고 다음의 질문에 답하시오.

1　チェさんは　スキーを　する　ことが　できますか。

2　さとうさんは　子どもに　スノーボードを　教えますか。

3　今度の　しゅうまつ　チェさんは　何人で　スキー場へ　行きますか。

4　さとうさんと　たかはしさんは　いつ　いっしょに　スキーへ　行きますか。

5　どうして　チェさんは　さとうさんに　スキーを　習う　ことが　でき
ませんか。

スキー場(스키장)　スノーボード(스노보드)　今回(이번)　つま(아내)
ざんねんな(유감스럽다)

다음 글을 읽고, 1~6의 문장이 글 내용과 맞으면 괄호에 ○표를, 다르면 ×표를 하시오.

> 私の　家には　さるが　います。名前は　シロウで、いろいろ　する
> ことが　できます。まず、おどる　ことが　できます。とても　上手で
> す。バナナが　大好きですから、食べながら　よく　おどります。ピア
> ノも　ひく　ことが　できます。十八ばんは「アリラン」です。それか
> ら、シロウは　自転車に　乗って　買い物に　行く　ことが　できま
> す。私は　ほしい　物を　紙に　書いて　シロウに　わたします。シロ
> ウは　お店の　人に　その　紙を　見せて、買い物を　しなければ　な
> りませんが、いつも　上手に　買い物を　します。毎日　買い物に　行
> かなくても　いいですが、よく　お店の　人が　バナナを　くれますか
> ら、シロウは　毎日　買い物に　行きます。今度は　シロウに　バナナ
> を　あげて　そうじの　し方を　教える　つもりです。
>
> さる(원숭이)　いろいろ(여러가지)　十八ばん(십팔번)　アリラン(아리랑)　自転車(자전거)
> 紙(종이)　わたします(건넵니다)

1　(　　)　私の　家には　さると　シロウが　います。

2　(　　)　シロウは　バナナを　食べてから、おどります。

3　(　　)　シロウは　「アリラン」を　歌う　ことが　できます。

4　(　　)　シロウは　ほしい　物を　紙に　書いて、買い物を　します。

5　(　　)　シロウは　よく　お店の　人に　バナナを　もらいますから、
　　　　　　　買い物が　好きです。

6　(　　)　私は　今度　シロウに　そうじの　し方を　習う　つもりです。

14

ボタンを おすと あたたかく なります。

버튼을 누르면 따뜻해집니다.

기·본·문·형 1-20

1. キムさんは 日本語が 上手に なりました。
   にほんご　じょうず

2. この スイッチを おすと、電気が つきます。
   でんき

3. 新しい コンピュータは 使いやすいです。
   あたら　　　　　　　　　つか

4. パーティーで おさけを 飲みすぎました。
   の

5. 田中さんは もう 家へ 帰りました。
   たなか　　　　　　いえ　かえ

Chapter 14

기본회화 1

オンドルの へや　1-21

なかい　パクさん、この ボタンは 何ですか。

パク　　あ、それは オンドルの スイッチです。

　　　　この ボタンを おすと オンドルが 入ります。

なかい　ボタンを おしましたが、あたたかく なりませんよ。

パク　　すぐには あたたかく なりません。

　　　　だんだん あたたかく なります。日本には ありませんよね。

なかい　はい、日本では、こたつを 使います。

パク　　かんこくは 冬 とても 寒く なりますから、オンドルが ない

　　　　と たいへんです。

なかい　そうですね。日本にも オンドルが あると べんりですが…。

　　　　かんたんで、使いやすいですから。

パク　　ええ、オンドルを つけると ほんとうに いいですよ。

　　　　へやの 中が 一日中 あたたかいですから。

온돌방

나카이　박 씨, 이 버튼은 무엇입니까?

박　　　아, 그것은 온돌 스위치입니다.
　　　　이 버튼을 누르면 온돌이 들어옵니다.

나카이　버튼을 눌렀는데, 따뜻해지지가 않군요.

박　　　곧바로는 따뜻해지지 않습니다.
　　　　점점 따뜻해집니다. 일본에는 없죠?

나카이　예, 일본에서는 고타츠를 사용합니다.

박　　　한국은 겨울이 매우 추워지기 때문에 온돌
　　　　이 없으면 힘듭니다.

나카이　그렇군요. 일본에도 온돌이 있으면 편리하
　　　　겠는데…. 간단하고 사용하기 쉬우니까요.

박　　　예, 온돌을 켜면 정말로 좋아요.
　　　　방안이 하루 종일 따뜻하니까요.

かんこくの 生活（せいかつ）　1-22

キム	ポールさんの　お国（くに）は　どちらですか。
ポール	アメリカです。
キム	かんこくの　生活（せいかつ）には　もう　なれましたか。
ポール	いいえ、まだ　なれません。特（とく）に　はしが　使（つか）いにくいです。
キム	キムチや　タッカルビなど　からい　物（もの）を　食（た）べる　ことが　できますか。
ポール	はじめは　あまり　好（す）きじゃ　ありませんでしたが、今（いま）は　大好（だいす）きです。
キム	そうですか。
	でも、からい物（もの）を　食（た）べると、水（みず）が　飲（の）みたく　なりませんか。
ポール	ええ、それで　しょうちゅうや　ビールを　たくさん　飲（の）みます。飲（の）みすぎると、つぎの日（ひ）　気分（きぶん）が　悪（わる）く　なります。でも、会社（かいしゃ）へ　行（い）って、仕事（しごと）を　始（はじ）めると、だんだん　元気（げんき）に　なります。

한국 생활

김	폴 씨의 고향은 어디십니까?
폴	미국입니다.
김	한국생활에는 이미 익숙해졌습니까?
폴	아니오, 아직 익숙하지 않습니다. 특히 젓가락이 사용하기 어려워요.
김	김치나 닭갈비 등 매운 것을 먹을 수가 있습니까?
폴	처음에는 그다지 좋아하지 않았습니다만, 지금은 매우 좋아합니다.
김	그렇습니까? 하지만 매운 것을 먹으면 물을 마시고 싶어지지 않습니까?
폴	예, 그래서 소주와 맥주를 많이 마십니다. 너무 마시면 다음 날 기분이 나빠집니다. 하지만 회사에 가서 일을 시작하면 점점 회복됩니다.

1

명사 ＋に なります (~이/가 됩니다)

な형용사(~な) ＋に なります (~하게 됩니다)

い형용사(~い) ＋く なります (~하게 됩니다)

물건이나 사람의 상태나 신분의 변화를 나타낸다.

예 田中さんは 医者に なりました。 다나카 씨는 의사가 되었습니다.

キムさんは 日本語が 上手に なりました。 김 씨는 일본어가 능숙해졌습니다.

新しい 車が ほしく なりました。 새 차가 갖고 싶어졌습니다.

天気が よく なりました。 날씨가 좋아졌습니다.

かみが 長く なりましたから、びよういんへ 行きます。

머리가 길어져서 미용실에 갑니다.

2 문장A : 동사의 기본형／ない형 │ と、 │ 문장B

(～하면, ～/～하니까, ～)

A가 조건이 되어 그 결과로서 B가 일어나는 것을 나타낸다. 자연현상과 기계의 조작과 습관적인 동작의 설명에 사용되는 경우가 많다.

例 この スイッチを おすと、電気が つきます。 이 스위치를 누르면 전기가 켜집니다.

春に なると、さくらの 花が さきます。 봄이 되면 벚꽃이 핍니다.

父は 毎朝 起きると、コーヒーを 飲みます。
아버지는 매일 아침 일어나면 커피를 마십니다.

暑く なると、アイスクリームが 食べたく なります。
더워지면 아이스크림이 먹고 싶어집니다.

薬を 飲まないと、かぜが なおりません。 약을 먹지 않으면 감기가 낫지 않습니다.

▼ 문장A : 동사의 기본형 ＋と、 문장B : 과거형

「～と、～」에는 A를 한 결과, B를 발견했다고 하는 것을 나타내는 용법도 있다. B에는 과거형이 온다. 문장어 표현에 자주 쓰인다.

例 まどを 開けると、雨でした。 창문을 열었더니 비가 내렸습니다.

教室に 行くと、先生が いました。 교실에 가니까 선생님이 있었습니다.

3 동사의 ます형(～ます) ＋やすいです／にくいです
（～하기 쉽습니다/～하기 어렵습니다）

「やすいです／にくいです」가 의지동사에 접속할 때는「그렇게 하는 것이 쉽다/어렵다」고 하는 의미를 나타내며, 무의지동사에 접속할 때는「그렇게 되는 경향이 강하다/약하다」고 하는 의미를 나타낸다. 활용은「い형용사」와 똑같다.

例 新しい コンピュータは 使いやすいです。 새로운 컴퓨터는 사용하기 쉽습니다.

ゆきが ふると 歩きにくく なります。 눈이 내리면 걷기 어려워집니다.

この おさらは 安いですが、われにくいです。 이 접시는 쌉니다만, 잘 안 깨집니다.

この 町は こうつうが べんりですから、住みやすいです。
이 동네는 교통이 편하기 때문에 살기 쉽습니다.

4 な형용사(～な)
い형용사(～い)
동사의 ます형(～ます)
｝＋すぎます
（너무 ～합니다/지나치게 ～합니다）

상태나 행위가 지나치게 정도를 초과하는 것을 나타낸다.

例 広田先生は　まじめすぎますから、おもしろくないです。
ひろ た せんせい
히로타 선생님은 너무나 성실해서 재미가 없습니다.

この　マンションは　やちんが　高すぎます。 이 맨션은 집세가 너무 비쌉니다.
たか

パーティーで　おさけを　飲みすぎました。 파티에서 술을 너무 마셨습니다.
の

5 もう＋ 긍정문 (이미/벌써/이제 ~)

まだ＋ 부정문 (아직/벌써/이제 ~)

「もう」는 예상되는 사건이나 새로운 상태가 이미 이루어져 버렸음(완료)을 나타내고, 「まだ」
는 예상되는 사건이나 새로운 상태가 아직 이루어지지 않고 있음(미완료)을 나타낸다.
「まだです。」는 「まだ + 부정문」의 생략된 문장으로 사용된다.

例 田中さんは、もう　家へ　帰りました。 다나카 씨는 벌써 집에 돌아갔습니다.
た なか　　　　　　　　　　いえ　　かえ

もう　おなかが　いっぱいです。 이제 배가 불러요.

バスは、まだ　来ません。 버스는 아직 오지 않아요.
き

キムさんからは、まだ　れんらくが　ありません。 김 씨부터는 아직 연락이 없습니다.

A: もう　かいぎは　終わりましたか。 벌써 회의가 끝났습니까?
お

B: いいえ、まだです。 아니오, 아직인데요.

1 다음의 그림을 보고 보기와 같이 말하시오.

>> 보기

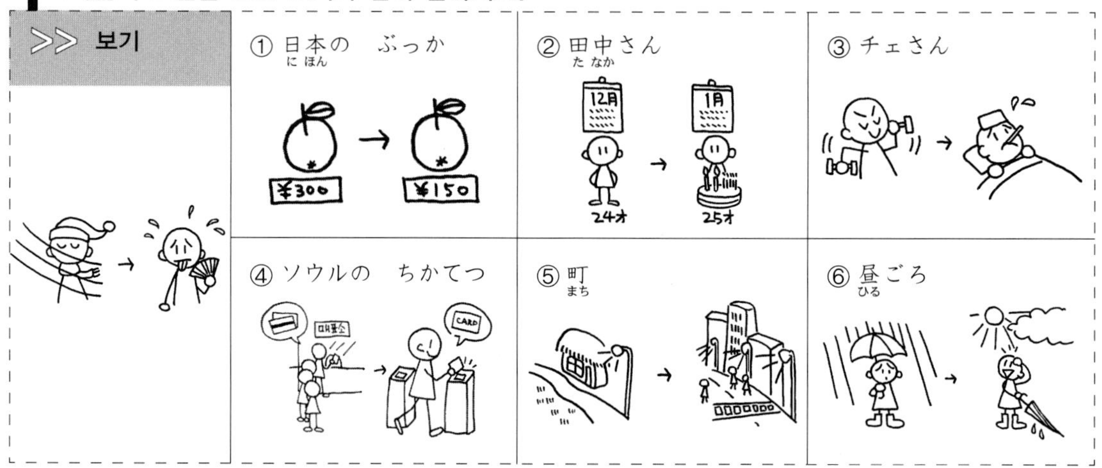

>> 보기　　暑く　なりました。
　　　　　あつ

①　________________________________

②　________________________________

③　________________________________

④　________________________________

⑤　________________________________

⑥　________________________________

2 A의 동사를 적절한 형태로 바꾸어서 거기에 이어지는 문장을 B에서 고르시오.

>> 보기　　この　スイッチを　おすと、へやの　電気が　つきます。
　　　　　　　　　　　　　　　　　　　　　　でんき

A

~~この　スイッチを　おします。~~

①　おさけを　飲みます。
　　　　　　　の

②　レポートを　ていしゅつしません。

B

たくさんの　人が　海へ　行きます。
　　　　　　ひと　　うみ　　い

体に　よく　ないです。
からだ

駅が　あります。
えき

③ 夏に　なります。　　　　　　　パーティーを　始める　ことが　できません。
　　なつ　　　　　　　　　　　　　　　　　　　　はじ

④ この　道を　まっすぐ　行きます。　顔が　赤く　なります。
　　　　みち　　　　　　い　　　　　　かお　あか

⑤ 朝ごはんを　食べません。　　　　せいせきが　悪く　なります。
　　あさ　　　　た　　　　　　　　　　　　　　わる

⑥ なかいさんが　来ません。　　　　~~へやの~~　電気が　つきます。
　　　　　　　　き　　　　　　　　　　　　　でん き

3 □ 안에서 단어를 골라 보기와 같이 문장을 완성하시오.

① 冬に　なると、かぜを（　　　　　　　）やすく　なります。
　　ふゆ

② 白い　服は、（　　　　　　　）やすいです。
　　しろ　ふく

③ この　くつは　かっこよくて、（　　　　　　　）やすいです。

④ 漢字は、読み方が　たくさん　ありますから、（　　　　　　　）にくいです。
　　かんじ　よ　かた

⑤ この　かばんは　軽いですが、（　　　　　　　）にくいです。
　　　　　　　　　かる

⑥ かんこくの　車は（　　　　　　　）にくいですから、人気が　あります。
　　　　　　　くるま　　　　　　　　　　　　　　にん き

~~使います~~　はきます　~~住みます~~　ひきます　こしょうします　よごれます
　つか　　　　　　　　　す
おぼえます　持ちます
　　　　　　も

4 다음의 그림을 보고 보기와 같이 문장을 만드시오.

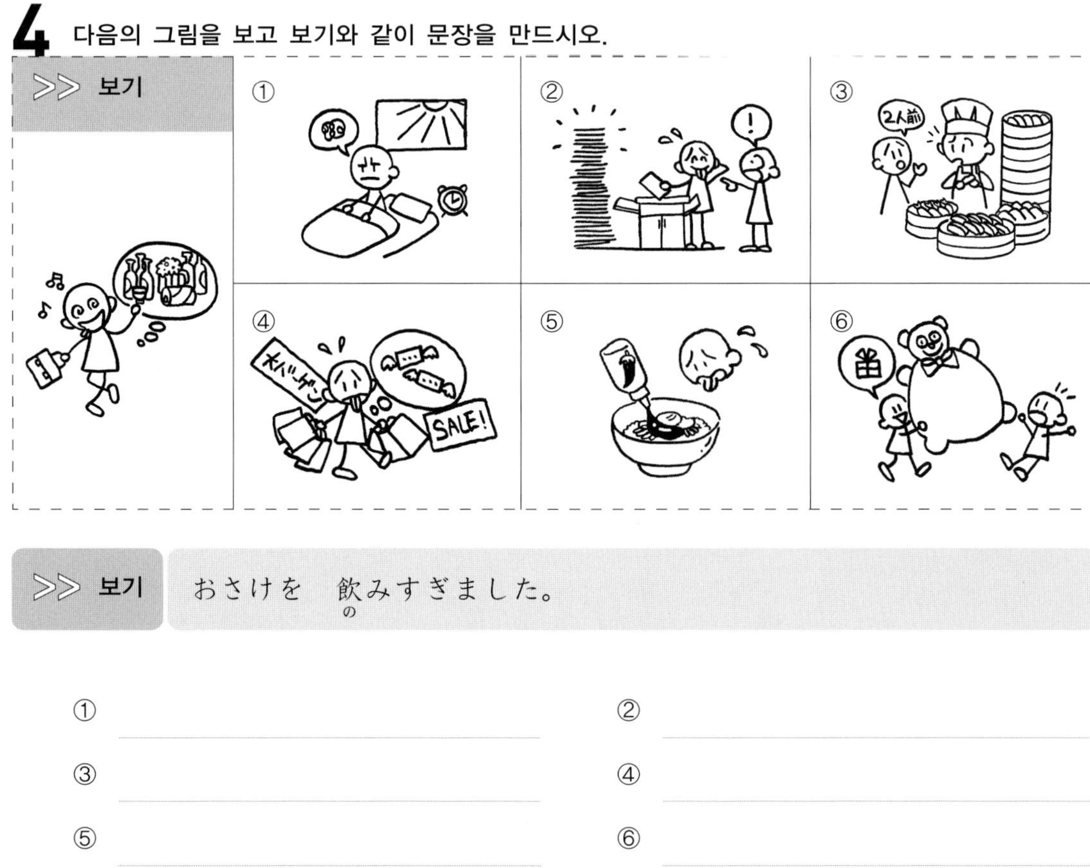

>> 보기	

おさけを　飲みすぎました。
の

① ______________________________   ② ______________________________

③ ______________________________   ④ ______________________________

⑤ ______________________________   ⑥ ______________________________

5 보기와 같이 「もう・まだ」를 이용하여 질문과 대답을 말해 보시오.

>> 보기 1
昼ごはんを　食べます。（はい）
ひる　　　　　　た
→A：もう　昼ごはんを　食べましたか。
　　　　　　ひる　　　　　　た
　B：はい、もう　食べました。
　　　　　　　　　た

>> 보기 2
しゅくだいを　します。（いいえ）
→A：もう　しゅくだいを　しましたか。
　B：いいえ、まだです。

① レポートを　出します。（はい）

A :

B :

② お姉さんは　大学を　そつぎょうします。（いいえ）

A :

B :

③ 写真を　とります。（はい）

A :

B :

④ この　漢字を　習います。（はい）

A :

B :

⑤ 病院へ　行きます。（いいえ）

A :

B :

⑥ 薬を　飲みます。（はい）

A :

B :

1 A와 B를 연결해서 보기와 같이 문장을 완성하시오.

> 보기
>
> 食べすぎると、おなかが　いたく　なります。
> た

A

食べすぎます。
た

① そうじを　しません。

② 勉強しません。
べんきょう

③ 歩きすぎます。
ある

④ おみやげを　買いすぎます。
か

⑤ いそがしすぎます。

⑥ ゆきが　ふります。

⑦ おさけを　飲みすぎます。
の

⑧ 飲み会が　はじまります。
の　かい

⑨ この薬を　飲みます。
くすり　　　の

⑩ 車を　買います。
くるま　か

B

—— おなかが　いたいです。

・ いろいろな　ことを　わすれやすいです。

・ にぎやかです。

・ へやが　きたないです。

・ 歩きにくいです。
ある

・ 体が　つかれにくいです。
からだ

・ せいせきが　悪いです。
わる

・ べんりです。

・ 足が　いたいです。
あし

・ 気分が　悪いです。
きぶん　　わる

・ にもつが　重いです。
おも

2 아래의 □ 안에서 적절한 단어를 골라서 (   )에 넣으시오. 또한 (   )안에 동사가 들어 있으면, 그것을 적절한 형태로 바꾸시오.

① きょう、(　　　　　　) 日本語で 電話を (します→　　　　) ことが できました。

② きのうから 天気が (　　　　　) (いいです→　　　　) なりました。

③ これから (　　　　　) (寒いです→　　　) なります。

④ (　　　　　　) ここに 住所と 名前を (書きます→　　　　　) なければ なりません。

⑤ 今度は (　　　　　) チェジュドへ あそびに (行きます→　　　　　) たいです。

⑥ この 服は 大きいですから、(　　　　　) 小さいのを (見せます→　　　　) ください。

⑦ この ボタンを (おします→　　　　) と、(　　　　) 店の 人が 来ます。

⑧ じゅぎょうの 時は、(　　　　) ぼうしを (ぬぎます→　　　　) ください。

⑨ 田中さんが (　　　　) 来ませんから、(待ちます→　　　　) なければ なりません。

⑩ (　　　　) (5時です→　　　　) なりましたから、終わりましょう。

とても　ぜひ　まず　まだ　はじめて　もう　だんだん　かならず
すぐに　もう少し

1 かぜを　ひくと　どう　なりますか。

2 かんこくでは　春（夏、秋、冬）に　なると　どう　なりますか。
　　　　　　　　　　はる　なつ　あき　ふゆ

3 長い　時間　パソコンを　使うと　どう　なりますか。
　　なが　　じかん　　　　　　　つか

4 おさけを　飲みすぎると　どう　なりますか。
　　　　　　の

5 夏に　なると　何が　したく　なりますか。
　　なつ　　　　　なに

6 あなたの　パソコンは　運びやすいですか、運びにくいですか。
　　　　　　　　　　　　はこ　　　　　　　　はこ

7 ゆきが　ふると　何が　しにくく　なりますか。
　　　　　　　　なに

8 あなたの　家は　住みやすいですか。／それは　どうしてですか。
　　　　　　いえ　　す

9 もう　ばんごはんを　食べましたか。
　　　　　　　　　　　た

10 もう　はたちに　なりましたか。

기본문형		
スイッチ		스위치
でんき	電気	전기
つきます		켜집니다
기본회화1		
オンドル		온돌
はいります	入ります	들어옵니다
あたたかい	暖かい	따뜻하다
すぐに		곧바로
だんだん		점점
～よね		～하죠
こたつ		고타츠
いちにちじゅう	一日中	하루 종일
기본회화2		
せいかつ	(生活)	생활
なれます	(慣)れます	익숙해집니다
とくに	特に	특히
はじめ	(初)め	처음
それで		그래서
つぎ	次	다음
きぶん	気分	기분
문법설명		
いしゃ	医者	의사
さくら	桜	벚꽃
アイスクリーム		아이스크림
なおります	(治)ります	낫습니다
まど	窓	창
あけます	開けます	엽니다

こうつう	(交通)	교통
すみます	住みます	삽니다
ふります	(降)ります	내립니다
さら	皿	접시
われます	(割)れます	깨집니다
マンション		맨션
やちん	(家賃)	집세
いっぱい		가득 참
れんらく		연락
문형연습		
びょうき	病気	병
ていしゅつします	(提出)します	제출합니다
みち	道	길
まっすぐ		똑바로
よごれます	(汚)れます	더러워집니다
はきます		(신발을) 신습니다
かるい	軽い	가볍다
もちます	持ちます	듭니다
こしょうします	(故障)します	고장납니다
コピー		복사
응용연습		
わすれます	(忘)れます	잊습니다
あるきます	(歩)きます	걷습니다
せいせき	成績	성적
にもつ	荷物	짐
おもい	重い	무겁다
말해봅시다		
はこびます	運びます	옮깁니다

Activity

1 퀴즈 만들기(클래스 액티비티)

보기와 같이 「～と」, 「～なります」를 사용하여 퀴즈를 각각 3 문제를 만드시오. 완성된 퀴즈에 대답해 보시오.

>> 보기

1. かきまぜて　食べると、おいしい　食べ物は　何ですか。
（ビビンバ）

2. 暑く　なると、食べたく　なります。それは　何ですか。
（かきごおり(팥빙수), アイスクリーム）

3. 食べすぎると、いたく　なります。それは　何ですか。
（おなか）

4. 暗く(어두워)　なると、あそぶ　ことが　できます。
それは　どこですか。
（ナイトクラブ(나이트클럽)、ディスコ(디스코)）

5. 寒く　なると、着ます。それは　何ですか。

6. 2月14日に　なると、あげます/もらいます。それは
何ですか。

7. やめないと、体に　悪いです。それは　何ですか。

8. おさけを　飲むと、できなくなります。それは　何で
すか。

2 보기와 같이 당신의 소지품에 대한 설명을 「〜やすい、〜にくい、〜すぎる」를 이용하여 클래스에서 발표하시오.

>> 보기 1

この　かばんは　たんじょうびに　母（はは）が　くれました。 大（おお）きくて　ポケットが　たくさん　ありますから、使（つか）い やすいです。　とてもべんりで　いろいろな　物（もの）を　入（い） れすぎますから、いつも　重（おも）く　なります。

>> 보기 2

この　けいたい電話（でんわ）は　大（おお）きいですから　持（も）ちにくいです。 でも、メール（문자）が　うち（치기）やすいですから、べんりで す。　写真（しゃしん）も　きれいに　とる　ことが　できます。

1-25

회화를 듣고 다음의 질문에 답하시오.

1　男の人は　赤い　花を　何本　買いましたか。
　　おとこ　ひと　　あか　　はな　なんぼん　か

2　男の人は　何年前(몇 년전)に　けっこんしましたか。
　　おとこ　ひと　　なんねんまえ

3　ケーキは　食べやすいですか、食べにくいですか。
　　　　　　　た　　　　　　　　　　た

　　それは　どうしてですか。

4　花屋さんは　ケーキの　お店の　行き方を　話しましたか。
　　はなや　　　　　　　　　　みせ　　い　かた　はな

　　それは　どうしてですか。

花屋(꽃집)　ピンク(핑크)　きねんび(기념일)　つま(아내)　ほかに(그 밖에)
はなや
説明します(설명합니다)　地図(지도)
せつめい　　　　　　　　　ち　ず

다음 글을 읽고, 1~5의 문장이 글 내용과 맞으면 괄호에 ○표를, 다르면 ×표를 하시오.

私は　どくしんです。今年の　7月が　来ると、35さいに　なります。はやく　けっこんしたいですから、お見合いを　しました。あいての　じょせいは　とても　かわいくて　話しやすかったですから、また、かのじょに　会いたく　なりました。私は　かのじょに　電話して　デートの　やくそくを　しました。デートは　びじゅつ館へ行きました。びじゅつ館は　人が　多すぎましたから、ゆっくり　えを　見る　ことが　できませんでした。でも、びじゅつ館の　きっさてんで　私たちは　3時間ぐらい　いろいろな　ことを　話しました。まどの　外を　見ると　ゆきでした。ゆきを　見て　私たちは　とても　ロマンチックな　気分に　なりました。びじゅつ館を　出ると、道が　もう　白かったですから、すべりやすくて、歩きにくかったです。でも、私には　とても　楽しい　デートでした。来週は　かのじょと　映画を　見に　行く　つもりです。

どくしん(독신)　お見合い(맞선)　あいて(상대)　じょせい(여성)　デート(데이트)
びじゅつ館(미술관)　私たち(우리)　すべります(미끄러집니다)

1　(　　)　私は　今、35さいです。

2　(　　)　私は　かのじょに　2回、会いました。

3　(　　)　私たちは　びじゅつ館の　きっさてんで　話しましたから、
　　　　　　ロマンチックな　気分に　なりました。

4　(　　)　びじゅつ館を　出ると、道に　ゆきが　ありました。

5　(　　)　今、7月じゃ　ありません。

15 わすれないで　ください。

잊지 마세요.

기·본·문·형 1-26

1. パクさんは　図書館で　本を　読んで　います。
　　　　　　としょかん　　ほん　　よ

2. ゆうべ　電気を　つけて　ねました。
　　　　　でんき

3. 朝ごはんを　食べないで　学校へ　行きました。
　あさ　　　　　た　　　　　がっこう　　い

4. 友だちが　来なくて　しんぱいしました。
　とも　　　こ

5. 図書館では　大きい　声で　話さないで　ください。
　としょかん　　おお　　　こえ　　はな

Chapter 15

기본회화 1

テスト勉強（べんきょう） 1-27

なかい　パクさん、何（なに）を　して　いますか。

パク　　けいえい学（がく）の　勉強（べんきょう）を　して　います。

　　　　来週（らいしゅう）、けいえい学（がく）の　テストが　ありますから。

なかい　え、テストですか。知（し）りませんでした。

パク　　あら、知（し）りませんでしたか。

なかい　私（わたし）は　先月（せんげつ）　かぜを　ひいて、けいえい学（がく）の　じゅぎょうを　2回（かい）

　　　　休（やす）みましたから。

パク　　勉強（べんきょう）しないで　テストを　うけると、たいへんですよ。

なかい　そうですね。じゅぎょうは　いつも　むずかしくて、ぜんぜん

　　　　わかりません。すみませんが、ノートを　見（み）せて　ください。

パク　　いいですけど、私（わたし）の　ノートは　きたなくて　読（よ）みにくいです。

　　　　キムさんの　ノートが　きれいで　見（み）やすいですよ。

なかい　じゃあ、あとで　キムさんに　借（か）ります。きょうから　ねないで

　　　　勉強（べんきょう）しなければ　なりません。

パク　　テストは　むずかしいですから　がんばって　勉強（べんきょう）して　くださ

　　　　いね。

시험공부

나카이　박 씨, 무엇을 하고 있습니까?

박　　　경영학 공부를 하고 있습니다. 다음 주, 경영
　　　　학 시험이 있어서요.

나카이　예? 시험이에요? 몰랐어요.

박　　　저런, 몰랐습니까?

나카이　나는 지난 달에 감기에 걸려서 경영학 수업을
　　　　두 번 쉬었기 때문이에요.

박　　　공부를 하지 않고 시험을 보면 힘들어요.

나카이　그렇죠. 수업은 항상 어렵고 전혀 모르겠어요.

미안하지만 노트 좀 보여주세요.

박　　　좋아요, 하지만 내 노트는 지저분해서 읽기
　　　　가 어려워요. 김 씨의 노트가 깨끗하고 보기
　　　　쉬워요.

나카이　그러면 나중에 김 씨에게 빌리겠습니다. 오늘
　　　　부터 자지 않고 공부하지 않으면 안 됩니다.

박　　　시험은 어려우니까 최선을 다해서 공부하
　　　　세요.

あべ　　パクさん、こんにちは。何を　して　いますか。

パク　　お好みやきの　作り方を　れんしゅうして　います。

あべ　　どうしてですか。

パク　　来月、がくえんさいで、私たちは　お好みやきを　作って　売る
　　　　つもりです。

あべ　　えっ、日本の　お好みやきですか。

パク　　ええ。日本の　お好みやきですが、キムチを　入れます。
　　　　でも、おいしく　作ることが　できなくて　田中さんを　待って
　　　　います。

あべ　　田中さんですか。

パク　　はい。田中さんは　お好みやきを　とても　上手に　作る　ことが
　　　　できますから。

あべ　　そうですか。じゃあ、がくえんさいの　時、食べに　行きますね。

パク　　わすれないで　くださいよ。

학교축제

아베	박 씨, 안녕하세요? 무엇을 하고 있습니까?		카 씨를 기다리고 있어요.
박	오코노미야키를 만드는 방법을 연습하고 있습니다.	아베	다나카 씨 말입니까?
아베	왜요?	박	예, 다나카 씨는 오코노미야키를 아주 솜씨좋게 만들 수가 있어서요.
박	다음 달 학교축제에서 우리는 오코노미야키를 만들어서 팔 생각이에요.	아베	그래요? 그러면 학교축제 때에 먹으러 갈게요.
아베	옛? 일본의 오코노미야키에요?	박	잊지 마세요.
박	예에, 일본의 오코노미야키인데요, 김치를 넣어요. 하지만 맛있게 만들 수가 없어서 다나		

い형용사 (〜い) ＋ くて (〜하고/〜해서)

な형용사 (〜な) ＋ で (〜하고/〜해서)

명사 ＋ で (〜이어서/〜이라서)

이유·원인을 나타낸다.

예 田中さんの　声は　小さくて　聞きにくいです。
다나카 씨의 목소리는 작아서 듣기 어렵습니다.

きのう　ホラー映画を　見ましたが、ぜんぜん　こわくなくて　おもしろくなかったです。

어제 공포영화를 보았는데, 전혀 무섭지 않아서 재미가 없었습니다.

歌手に　なりたくて、毎日　カラオケへ　歌を　れんしゅうしに　行きます。
가수가 되고 싶어서 매일 가라오케에 노래를 연습하러 갑니다.

あの　レストランは　おいしいですが、ロマンチックじゃなくて
わかい　人が　あまり　来ません。
저 레스토랑은 맛있습니다만, 낭만적이지 않아서 젊은 사람이 그다지 오지 않습니다.

日本語の　じゅぎょうは　英語の　じゅぎょうより　かんたんで、
人気が　あります。
일본어 수업은 영어 수업보다 간단해서 인기가 있습니다.

仕事で　かんこくへ　来ました。 업무 때문에 한국에 왔습니다.

〜けど、〜 (〜이지만, 〜/〜하지만, 〜)

「〜けど」는 「〜が(〜이지만, 〜하지만)」과 의미가 똑같으며, 보통은 문장과 문장을 역접적인 관계로 접속하되, 순접적인 관계로 연결시키는 경우도 있다. 「〜が」보다 회화체적이다.

예 田中さんは　よく　うどんを　食べますけど、パクさんは　あまり
食べません。
다나카 씨는 자주 우동을 먹지만, 박 씨는 그다지 먹지 않습니다.

しつれいですけど、今　おいくつですか。 실례입니다만, 지금 몇 살이십니까?

～けど、～ (～이지만, ~/～하지만, ~)

「～けど」 는 「～が(~이지만, ~하지만)」 과 의미가 똑같으며, 보통은 문장과 문장을
역접적인 관계로 접속하되, 순접적인 관계로 연결시키는 경우도 있다. 「～が」 보다
회화체적이다.

例 田中さんは　よく　うどんを　食べますけど、パクさんは　あまり
食べません。
다나카 씨는 자주 우동을 먹지만, 박 씨는 그다지 먹지 않습니다.

しつれいですけど、今　おいくつですか。 실례입니다만, 지금 몇 살이십니까?

1 ～て　います

> 동사의 て형 　＋います (～하고 있습니다)

> 「～て　います」는 동작의 계속을 나타낸다.

예　パクさんは　図書館で　本を　読んで　います。박 씨는 도서관에서 책을 읽고 있습니다.

雨が　ふって　います。비가 내리고 있습니다.

A：さとうさんは　今　何を　して　いますか。사토 씨는 지금 무엇을 하고 있습니까?

B：何も　して　いません。ソファで　休んで　います。
아무 것도 하고 있지 않습니다. 소파에서 쉬고 있습니다.

B：アイスクリームを　食べながら　テレビを　見て　います。
아이스크림을 먹으면서 TV를 보고 있습니다.

2 ～て

> 동사의 て형 　～ (～하고, ～)

> 부대상황(혹은 동작에 동반되는 부수적인 동작)이나 이유·원인을 나타낸다. 시제는 문장 끝에 있는 동사의 시제에 의해서 정해진다.

예　ゆうべ　電気を　つけて　ねました。어젯밤에 전기를 켜고 잤습니다.

手を　上げて　道を　わたりましょう。손을 들고 길을 건넙시다.

友だちから　プレゼントを　もらって　うれしかったです。
친구한테서 선물을 받아서 기뻤습니다.

ゆうべ　飲み会で　おさけを　飲みすぎて　頭が　いたいです。
어젯밤 회식자리에서 술을 너무 마셔서 머리가 아픕니다.

じこが　あって　電車が　動きませんでした。
사고가 있어서 전차가 움직이지 않았습니다.

3 ～ないで

동사의 ない형 ＋で～ (～하지 않고 ～/～하지 말고 ～)

부정의 부대상황을 나타낸다. 시제는 문장 끝에 있는 동사의 시제에 의해서 정해진다.

예　朝ごはんを　食べないで　学校へ　行きました。아침밥을 먹지 않고 학교에 갔습니다.

この　テストは　きょうかしょや　ノートを　見ないで　やって　ください。
이 시험은 교과서나 노트를 보지 말고 하세요.

しゅうまつは　どこへも　出かけないで　ゆっくり　休む　つもりです。
주말에는 아무데도 나가지 않고 푹 쉴 생각입니다.

さとうを　入れないで　コーヒーを　飲みます。설탕을 넣지 않고 커피를 마십니다.

4 ～なくて

동사의 ない형(～<s>ない</s>) ＋なくて～ (～하지 않아서 ~)

이유·원인을 나타낸다.

예 友_{とも}だちが 来_こなくて しんぱいしました。

친구가 오지 않아서 걱정했습니다.

2ヶ月間_{かげつかん} ずっと 雨_{あめ}が ふらなくて こまりました。

2개월간 계속 비가 내리지 않아서 곤란했습니다.

電車_{でんしゃ}が 動_{うご}かなくて じゅぎょうに ちこくしました。

전차가 움직이지 않아서 수업에 지각했습니다.

時間_{じかん}が なくて 友_{とも}だちと あそぶ ことが できません。

시간이 없어서 친구와 놀 수가 없습니다.

5

5 ～ないで　ください

동사의 ない형 ＋で　ください

（～하지 말아 주세요, ～하지 마세요）

상대방에게 어떤 행위를 하지 않은 것을 의뢰하거나 지시하거나 할 때에 사용한다.

예 図書館では　大きい　声で　話さないで　ください。
　　としょかん　　おお　　こえ　　はな
도서관에서는 큰 소리로 이야기 하지 마세요.

ひこうきの　中で、けいたい電話を　使わないで　ください。
　　　　　　なか　　　　　　でんわ　　つか
비행기 안에서 휴대전화를 사용하지 마세요.

こうえんに　ごみを　すてないで　ください。

공원에 쓰레기를 버리지 마세요.

1 그림을 보고 보기와 같이 「今、何を　して　いますか」에 대해서 답하시오.

>> 보기　A:キムさんは　今　何を　して　いますか。B:歌を　歌って　います。

① B: ＿＿＿＿＿＿＿＿＿＿＿＿

② B: ＿＿＿＿＿＿＿＿＿＿＿＿

③ B: ＿＿＿＿＿＿＿＿＿＿＿＿

④ B: ＿＿＿＿＿＿＿＿＿＿＿＿

⑤ B: ＿＿＿＿＿＿＿＿＿＿＿＿

⑥ B: ＿＿＿＿＿＿＿＿＿＿＿＿

2 그림을 보고 보기와 같이 문장을 만드시오.

>> 보기　電気を　つけて　ねます。
でん き

① ＿＿＿＿＿＿＿＿＿＿＿　② ＿＿＿＿＿＿＿＿＿＿＿
③ ＿＿＿＿＿＿＿＿＿＿＿　④ ＿＿＿＿＿＿＿＿＿＿＿
⑤ ＿＿＿＿＿＿＿＿＿＿＿　⑥ ＿＿＿＿＿＿＿＿＿＿＿

3 보기와 같이 다음 두 문장을 하나의 문장으로 만드시오.

>> 보기　しゅうまつは　どこへも　出かけません。うちで　ゆっくり　休みます。
で　　　　　　　　　　　　　　　　　　　　　　　　やす
　　　→しゅうまつは　どこへも　出かけないで、うちで　ゆっくり　休みます。
　　　　　　　　　　　　　　　　　で　　　　　　　　　　　　　　　　　やす

① 日曜日は　どこへも　行きません。家で　仕事を　する　つもりです。
にちよう び　　　　　　　い　　　　いえ　しごと
→ ＿＿＿＿＿＿＿＿＿＿＿＿＿＿＿＿＿＿＿＿＿＿＿＿

② こんばんは　うちへ　帰りません。友だちの　家に　とまります。
かえ　　　　　とも　　　いえ
→ ＿＿＿＿＿＿＿＿＿＿＿＿＿＿＿＿＿＿＿＿＿＿＿＿

③ ゆうべは　ねませんでした。朝まで　テストの　勉強を　しました。
あさ　　　　　　　　べんきょう
→ ＿＿＿＿＿＿＿＿＿＿＿＿＿＿＿＿＿＿＿＿＿＿＿＿

④ あしたは　土曜日ですが、休みません。会社で　働きます。
どよう び　　　　やす　　　　かいしゃ　はたら
→ ＿＿＿＿＿＿＿＿＿＿＿＿＿＿＿＿＿＿＿＿＿＿＿＿

⑤ 冬休みは　あそびません。アルバイトと　勉強を　する　つもりです。
ふゆやす　　　　　　　　　　　　　べんきょう
→ ＿＿＿＿＿＿＿＿＿＿＿＿＿＿＿＿＿＿＿＿＿＿＿＿

⑥ なるべく　電話を　かけません。メールで　れんらくして　ください。
でん わ
→ ＿＿＿＿＿＿＿＿＿＿＿＿＿＿＿＿＿＿＿＿＿＿＿＿

4 그림을 보고 보기와 같이 밑줄 친 부분에 문장을 넣으시오.

>> 보기　　雨が　ふら<u>なくて</u>　メロンが　大きく　なりません。
　　　　　　あめ　　　　　　　　　　　　　　　おお

①　_______________________　　しんぱいです。

②　_______________________　　たいへんでした。

③　_______________________　　スキーを　する　ことが　できませんでした。

④　_______________________　　くつを　買う　ことが　できませんでした。
　　　　　　　　　　　　　　　　　　　　　　か

⑤　_______________________　　寒かったです。
　　　　　　　　　　　　　　　　　　さむ

⑥　_______________________　　こまりました。

5 보기와 같이 다음 두 문장을 하나의 문장으로 만드시오.

寒いです。まどを　開けません。
→寒いですから、まどを　開けないで　ください。

① かぜは　なおりました。この　薬は　飲みません。

→

② 夜　おそいです。ピアノを　ひきません。

→

③ あぶないです。ここで　あそびません。

→

④ ここは　店の　前です。車を　止めません。

→

⑤ この　話は　ひみつです。友だちに　言いません。

→

⑥ すぐ　出発します。やくそくの　時間に　おくれません。

→

1 올바른 단어를 고르시오.

① かさを　持た（ないで／なくて）、出かけました。
　　　　　も　　　　　　　　　　　　で

② せっけんを　使わ（ないで／なくて）、手を　洗いました。
　　　　　　つか　　　　　　　　　て　　あら

③ 友だちと　電話で　話す　ことが（できないで／できなくて）、メールを
　とも　　でんわ　　はな

　送りました。
　おく

④ はを　みがか（ないで／なくて）、ねました。

⑤ 試験の　はんいが　わから（ないで／なくて）、友だちに　電話して　聞き
　しけん　　　　　　　　　　　　　　　　　とも　　　　でんわ　　　き

　ました。

⑥ 子どもが　ぜんぜん　勉強（して／しなくて）、せいせきが　悪くなりました。
　こ　　　　　　　べんきょう　　　　　　　　　　　　わる

⑦ 友だちから　れんらくが（来て／来なくて）しんぱいです。
　とも　　　　　　　　　　き　こ

⑧ 試験に　ごうかく（して／しなくて）、医者に　なりました。
　しけん　　　　　　　　　　　　いしゃ

⑨ 友だちに　会う　ことが（できて／できなくて）、楽しかったです。
　とも　　　あ　　　　　　　　　　　　　　たの

⑩ エンジンが　こしょう（して／しなくて）、車が　動きませんでした。
　　　　　　　　　　　　　　　　　　くるま　うご

2 다음의 문장을 「～ないで(ください)」, 「～ないで」, 「～なくて」, 「～て」를 이용해서 완성하시오.

① ________________、テストの　じゅんびを　しました。

② ________________、よく　勉強しました。
べんきょう

③ ________________、ちこくしました。

④ ________________、しんぱいです。

⑤ ________________、きのうは　会社を　休みました。
かいしゃ　　やす

⑥ ________________、大学へ　来ました。
だいがく　　き

⑦ ここは　きんえんですから、________________。

⑧ 今、かいぎを　して　いますから、________________。
いま

⑨ じゅぎょうの　時、________________。
とき

⑩ 食べながら________________。
た

1 しゅうまつは どこへも 出かけないで、家に いる つもりですか。

2 ぜんぜん じゅんびしないで 中間テスト（きまつテスト）を うける

つもりですか。

3 夏に まどを しめないで ねますか。

4 いつも 何を 使って 食事しますか。

5 ミルクを 入れて コーヒーを 飲みますか、入れないで 飲みますか。

6 毎日 はを みがいて ねますか、 みがかないで ねますか。

7 毎日 ＭＰ３を 持って 出かけますか、持たないで 出かけますか。

8 大学に ごうかくして うれしかったですか。

9 今、雨（ゆき）が ふって いますか。

10 ゆうべ ７時ごろ、どこで 何を して いましたか。

기본문형		
つけます		(전기를) 켭니다
しんぱいします	(心配) します	걱정합니다
こえ	声	목소리
기본회화1		
しります	知ります	압니다
あとで	(後) で	나중에
がんばります	(頑張) ります	최선을 다합니다
기본회화2		
おこのみやき	お好みやき	오코노미야키
うります	売ります	팝니다
새로 나온 표현		
ホラー		호러(공포)
わかい	(若) い	젊다
문법설명		
あめ	雨	비
あげます	上げます	(손을) 듭니다
わたります		건넙니다
じこ	(事故)	사고
うごきます	動きます	움직입니다
やります		합니다
でかけます	出かけます	나갑니다
ゆっくり		푹

さとう	(砂糖)	설탕
ずっと		계속, 쭉
こまります	(困) ります	곤란합니다
ごみ		쓰레기
すてます	(捨) てます	버립니다
문형연습		
あぶない	(危) ない	위험하다
とめます	止めます	세웁니다
ひみつ	(秘密)	비밀
いいます	言います	말합니다
すぐ		곧바로
おくれます		늦습니다
なるべく		가능하면
かけます		(전화를) 겁니다
ながれます	(流) れます	흐릅니다
ラーメン		라면
응용연습		
せっけん		비누
エンジン		엔진
きんえん	(禁煙)	금연
말해봅시다		
しめます	(閉) めます	닫습니다

Activity

1 역할놀이

보기와 같이 「～ないで／～て／～て　います」 등을 이용해서 직원과 손님이 되어 회화를 해보시오.

예　도서관 : 직원(しょくいん)은 손님에게 도서관 안에서 음식을 먹을 수 없다는 것을 전한다.
　　　　　 손님은 어디에서 음식을 먹을 수 있는지를 직원에게 묻는다.

>>　보기

しょくいん：館内(관내)では　何も　食べないで　ください。
　　　　　　　　　かんない　　　なに　　　　た
　　　　　　でも、飲み物(음료수)は　だいじょうぶです。
　　　　　　　　　の　もの
きゃく　　　：どこで　ジュースや　コーヒーを　飲む　こ
　　　　　　　　　　　　　　　　　　　　　　　　　　の
　　　　　　とが　できますか。
しょくいん：あそこで　飲み物を　飲んで　ください。あ
　　　　　　　　　　　の　もの　　の
　　　　　　そこに　自動はんばいき(자동판매기)が　あり
　　　　　　　　　じどう
　　　　　　ますから　飲み物を　買う　ことが　できま
　　　　　　　　　　　の　もの　　か
　　　　　　す。よこ(옆)に　いすも　ありますよ。
きゃく　　　：あ、あそこで　子どもが　ジュースを　飲んで
　　　　　　　　　　　　　こ　　　　　　　　　の
　　　　　　いますね。わかりました。

128

동물원 : 직원은 동물（動物）에게 먹을 것을 주는 것이 금지되어 있다는 것을
전한다.

잔디（しばふ）에 들어가는 것이 금지되어 있다는 것을 전한다.

쓰레기는 휴지통（ごみばこ）에 넣으라는 이야기도 전한다.

2 그룹 워크

몇 개의 그룹으로 나눠서 보기와 같이 질문에 답변을 「～なくて / ～て」를 사용하여
말해 보시오. 먼저 세 개의 이유를 표현할 수 있는 그룹이 이깁니다.

<table>
<tr><td rowspan="7">>> 보기</td></tr>
</table>

>> 보기

A : どうして　ちこくしましたか。

B : 朝　早く　起きる　ことが　できなくて、ちこくしま
した。

B : 電車が　来なくて、学校まで　歩いて　きました。
ですから、ちこくしました。

B : さいふを　わすれて、家に　とりに　帰りましたから、
ちこくしました。

① どうして　昼ごはんを　食べませんでしたか。

② どうして　こいびとと　別れましたか(헤어졌습니까?)。

③ どうして　おさけを　飲みませんか。

④ どうして　休学(휴학)しますか。

⑤ どうして　ひとりぐらし(혼자서 생활하기)を　始めましたか(시작했습니까?)。

1-31

회화를 듣고 다음의 질문에 답하시오.

1　ここは　どこですか。〇を　しなさい。

　（図書館／映画館／びじゅつかん）
　　としょかん　えいがかん

2　たばこは　どこで　すう　ことが　できますか。

　　　　　　　　　　　　　　　　　　　　　　　　　　　）

3　レストランは　2かいに　ありますか。

4　この　人は　何がいの　トイレを　使いますか。
　　　　ひと　　なん　　　　　　　　　つか

　　はい、チーズ(자, 치즈)　館内(관내)　きつえんルーム(흡연실)　しゅうりします(수리합니다)
　　　　　　　　　　　　かんない

다음 글을 읽고, 1~5의 문장이 글 내용과 맞으면 괄호에 ○표를, 다르면 ✕표를 하시오.

私は　毎日　朝ごはんを　食べないで　家を　出ます。たいてい「スイスモカ」で　コーヒーを　飲んで、新聞を　読んでから　会社へ　行きます。「スイスモカ」は　有名な　きっさてんです。ここでは　自分で　さとうや　ミルクを　コーヒーに　入れる　ことが　できなくて、注文の　時に　言わなければ　なりません。ですから、少し　不便です。でも、コーヒーが　おいしくて　有名に　なりました。それから、朝10時までは　コーヒーを　注文すると、パンと　サラダの　サービスが　あります。今も「スイスモカ」で、おいしい　コーヒーを　飲みながら　パンを　食べて　います。今日は　マスターが　ピアノを　ひいて　います。マスターの　ピアノを　聞いて　いると　とても　リラックスします。私は　朝の　この　時間が　大好きです。

自分で(스스로)　注文(주문)　ですから(그러니까)　パン(빵)　サラダ(샐러드)　サービス(서비스)　マスター(마스터)　リラックスします(긴장이 풀립니다)

1　(　　)　毎朝、私は　家で　何も　食べません。

2　(　　)「スイスモカ」では　コーヒーに　さとうや　ミルクを　入れる　ことが　できません。

3　(　　)「スイスモカ」では　コーヒーを　注文すると、いつも　パンと　サラダの　サービスが　あります。

4　(　　)　私は　毎日　仕事が　終わってから「スイスモカ」へ　行って、リラックスします。

5　(　　)　私は　今「スイスモカ」に　います。

16

お父さんににています。
아버지와 닮았습니다.

01 　～ています(～해 있습니다 / ～하고 있습니다 : 변화의 결과의 계속)

02 　～ています(～하고 있습니다 / ～했습니다 : 그 외의 용법)

03 　もう～ています(이미 ～했습니다)／まだ～ていません(아직 ～하지 않았습니다)

기·본·문·형　2-01

1. 教室のまどが開いています。

2. ムンさんはお母さんににています。

3. 私は毎朝ジョギングをしています。

4. コンサートは、もう始まっています。

5. この映画は、まだ見ていません。

  ソウル・オリンピックのころ  2-02

カン　きまつテストはもう終わりましたか。

なかい　いいえ、まだ終わっていません。

　　　　今週、かんこく語のテストがあります。

カン　大変ですね。でも、なかいさんは、かんこく語が上手ですから。

なかい　いいえ、まだまだですよ。でも、じつは、ぼく、子どものころ、

　　　　2年間ソウルに住んでいました。

カン　え、どうしてですか？

なかい　父が新聞社につとめていて、ぼくが小学校2年の時に、ソウルに

　　　　来ました。

カン　そうですか。

なかい　ちょうどソウル・オリンピックのころです。

　　　　ソウル・オリンピックは、今でもよくおぼえています。

カン　そのころ、私は、まだ小学校には入っていませんでした。

なかい　ええ？ カンさん、わかいですね。

서울 올림픽 때

강　기말시험은 벌써 끝났습니까?

나카이　아니오, 아직 끝나지 않았습니다.
　　　　이번 주에 한국어 시험이 있습니다.

강　힘들겠군요. 하지만, 나카이 씨는 한국어를
　　　잘 하니까요.

나카이　아니에요. 아직 서툽니다.
　　　　하지만, 실은 나 어릴 적에 2년간 서울에 살
　　　　았어요.

강　예? 어째서요?

나카이　아버지가 신문사에 근무하고 있어서 내가
　　　　초등학교 2학년 때 서울에 왔어요.

강　그래요?

나카이　마침 서울 올림픽 때입니다.
　　　　서울 올림픽은 지금도 잘 기억하고 있어요.

강　그 무렵 나는 아직 초등학교에는 들어가지
　　　않았어요.

나카이　예에? 강 씨는 젊군요.

家族の写真
か ぞく　しゃしん

2-03

カン	これ、オリンピックのころの写真です。 しゃしん
	私、ちょっと太っていました。 わたし　　　　　ふと
なかい	そうですか。かわいいですよ。こちらは、ごりょうしんですか。
カン	ええ、そうです。
なかい	カンさん、お父さんによくにていますね。 とう
カン	そうですか。
なかい	はい。とてもよくにています。
	あ、後ろで、何かもえていますけど、何ですか。 うし　　なに　　　　　　　　　　なん
カン	それは学生のデモです。 がくせい
なかい	なるほど。あのころ、ソウルでは大学生がよくデモをしていま だいがくせい
	したからね。
カン	ええ。あ、もう1時をすぎていますよ。 じ
なかい	じゃあ、もうじゅぎょうが始まっていますね。急ぎましょう。 はじ　　　　　　　　いそ

가족사진

강	이것 올림픽 무렵의 사진이에요. 내가 조금 살쪘었어요.		나카이	과연. 그 무렵 서울에서는 대학생이 자주 데모를 하고 있었으니까요.
나카이	그래요? 귀엽군요. 이 쪽은 부모님입니까?		강	예. 아, 벌써 한 시가 지났군요.
강	예, 그렇습니다.		나카이	그럼, 이미 수업이 시작되었군요. 서두릅시다.
나카이	강 씨, 아버지를 많이 닮았군요.			
강	그래요?			
나카이	예, 아주 많이 닮았어요. 아, 뒤에서 무언가 타고 있는데, 뭐예요?			
강	그것은 학생 데모입니다.			

○ その・あの(그·저) : 문맥지시

회화에서의 문맥 지시어로서 そ와 あ(それ・あれ・その・あの 등)가 주로 쓰인다. 원칙적으로 화자와 청자 양쪽 모두가 직접 아는 대상이나 함께 경험한 사실에 대해서는 あ로 지시하며, 그렇지 않는 대상을 そ로 지시한다.

예 A : 高校3年の時の旅行をおぼえていますか。
고교 3학년 때의 여행을 기억하고 있습니까?

B : ええ、もちろん。あの旅行は、ほんとうに楽しかったですね。
예, 물론이죠. 그 여행은 정말로 즐거웠죠.

A : そうですね。あのころは、みんなわかかったですね。
그러네요. 그 당시에는 모두 젊었었죠.

A : 夏休みに、クラスの友だちとキョンジュへ旅行に行きました。
여름방학 때 같은 반 친구들과 경주에 여행하러 갔습니다.

B : そうですか。田中さんもその旅行に行きましたか。
그래요? 다나카 씨도 그 여행에 갔습니다.

1 ～ています

| 동사의 て형 | ＋います(～해 있습니다/～하고 있습니다) |

「～ています」는 동작의 계속을 나타내는 것 이외에도 「변화의 결과의 계속」을 나타내기도 한다.

예 教室のまどが開いています。 교실 창문이 열려 있어요.

このテレビはこわれています。 이 텔레비전은 고장났어요.

私は車を持っています。 나는 자동차를 갖고 있어요.

ポケットにかぎが入っています。 호주머니에 열쇠가 들어 있어요.

あべさんは、今アメリカへ行っています。 아베 씨는 지금 미국에 가 있어요.

妹はけっこんしていますが、姉はけっこんしていません。
여동생은 결혼했습니다만, 누나는 결혼하지 않았습니다.

この時間は道がこんでいます。 이 시간은 길이 붐빕니다.

あそこにせきが空いていますから、すわりましょう。
저기에 자리가 비어 있으니까 앉읍시다.

A : ムンさんの電話ばんごうを知っていますか。 문 씨의 전화번호를 알고 있어요?

B : はい、知っています。 예, 알고 있어요.

B : いいえ、知りません。 아니오, 모르는데요.

2 **〜ています**

동사의 て형 ＋ **います(〜했습니다/〜하고 있습니다)**

「〜ています」는 동작의 계속이나 변화한 결과의 계속 이외에도 사물의 특성, 습관적 행위, 반복되는 사건, 직업 등의 신분을 나타내기도 한다.

예 ムンさんはお母さんににています。 문 씨는 어머니를 닮았습니다. 〈특성〉

なかいさんは太っていません。やせています。
나카이 씨는 뚱뚱하지 않습니다. 야위었습니다. 〈특성〉

私は毎朝ジョギングをしています。
나는 매일 아침 조깅을 하고 있어요. 〈습관〉

毎年、たくさんの人がこうつうじこで死んでいます。
매년 많은 사람들이 교통사고로 죽고 있습니다. 〈반복〉

姉は、高校で英語を教えています。
누나는 고등학교에서 영어를 가르치고 있어요. 〈직업〉

3 ～ていました

동사의 て형 ＋いました (～하고 있었습니다/～해 있었습니다/
～했었습니다)

「～ていました」는「～ています」의 과거형이다.

예 きのう、キムさんが運動場で友だちとサッカーをしていました。
어제 김 씨가 운동장에서 친구와 함께 축구를 하고 있었어요.

私は、子どものころ、プサンに住んでいました。 나는 어렸을 때 부산에 살았어요.

トイレに、このさいふがおちていました。 화장실에 이 지갑이 떨어져 있었어요.

私が中学生のころ、姉は大学でけいえい学の勉強をしていました。
내가 중학생이었을 무렵, 누나는 대학교에서 경영학 공부를 하고 있었어요.

4 もう〜ています (이미 〜했습니다)

まだ〜ていません (아직 〜하지 않았습니다)

「〜ています」는「もう／まだ」와 함께 쓰일 때에, 다음과 같이「완료 / 미완료」의 의미를 갖게 된다.「もう〜ました」는 과거에 사건이 발생한 것(종료) 에 초점을 맞춘 완료 표현인 점에 비해서,「もう〜ています」는 사건이 발생한 결과(현재의 상태) 에 초점을 맞춘 완료 표현이다.

例 コンサートは、もう始まっています。 콘서트는 벌써 시작했어요.

今、9時ですから、銀行はもう開いています。 지금 9시라서 은행은 이미 문이 열려 있어요.

この映画はまだ見ていません。 이 영화는 아직 보지 않았습니다.

じゅぎょうの時間におくれて教室に入りましたが、先生はまだ来ていませんでした。
수업 시간에 늦게 교실에 들어갔는데, 선생님은 아직 와 있지 않았어요.

英語のしゅくだいはもうしましたが、日本語のしゅくだいはまだしていません。
영어 숙제는 이미 했는데, 일본어 숙제는 아직 하지 않았습니다.

1 그림을 보고 보기와 같이 「～ています」를 이용하여 말해 봅시다.

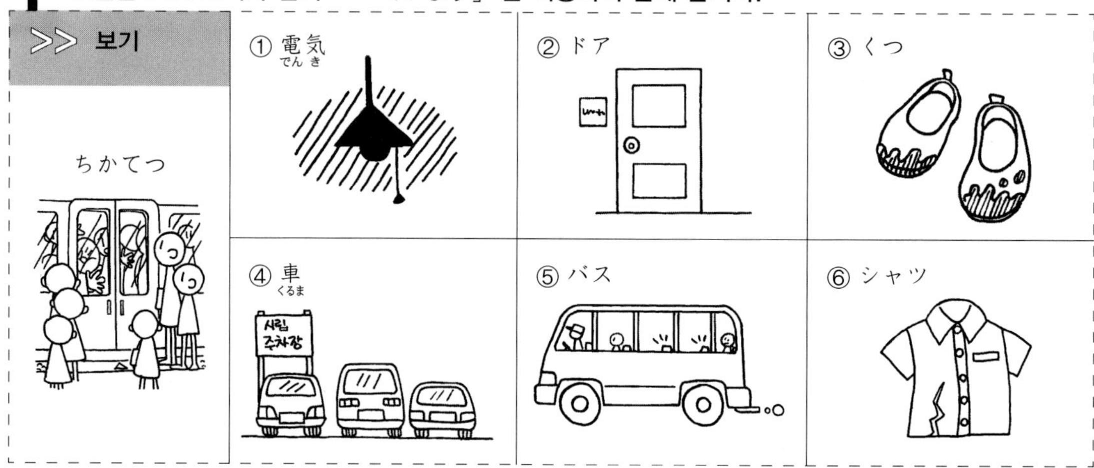

① ________________________   ② ________________________

③ ________________________   ④ ________________________

⑤ ________________________   ⑥ ________________________

2 그림을 보고 보기와 같이 「～ています」를 이용하여 말해 봅시다.

田中さんはＴシャツを着ています。
た なか　　　　　　ティー　　　　　　　　　き

①

②

③

④

⑤

⑥

3 그림을 보고 보기와 같이 「〜ています」를 이용하여 말해 봅시다.

보기　40Kg

① 大学、日本語教師
だいがく　に ほん ご きょう し

② まいばん、ジム

③ お母さん
かあ

④ 100Kg

⑤ 新聞社
しんぶんしゃ

⑥ かんこく語、習う
ご　　なら

たなか

かとう

>> 보기

田中さんはやせています。
た なか

①

②

③

④

⑤

⑥

4 보기와 같이 「〜ています」를 이용하여 질문과 대답을 말해 봅시다.

> **>> 보기 1**　あの店（みせ）でケーキを売（う）ります（いいえ）
> → A：あの店（みせ）でケーキを売（う）っていますか。
> 　　B：いいえ、ケーキは売（う）っていません。
>
> **>> 보기 2**　田中（たなか）さんは日本（にほん）のどこに住（す）みました（京都（きょうと））
> → A：田中（たなか）さんは日本（にほん）のどこに住（す）んでいましたか。
> 　　B：京都（きょうと）に住（す）んでいました。

① 「ない形（けい）」の作（つく）り方（かた）をおぼえます（いいえ）

　→ A：

　　B：

② ムンさんの住所（じゅうしょ）を知（し）ります（いいえ）

　→ A：

　　B：

③ 子（こ）どものころ、ピアノを習（なら）いました（はい）

　→ A：

　　B：

④ お兄さんはどちらにつとめます（しんじゅく銀行）
　　→ A：________________________________

　　　B：________________________________

⑤ どこのパソコンを使います（サムスン）
　　→ A：________________________________

　　　B：________________________________

⑥ 高校の時、何で学校に通いました（バス）
　　→ A：________________________________

　　　B：________________________________

5 그림을 보고 보기와 같이 「〜ています」를 이용하여 문장을 완성해 봅시다.

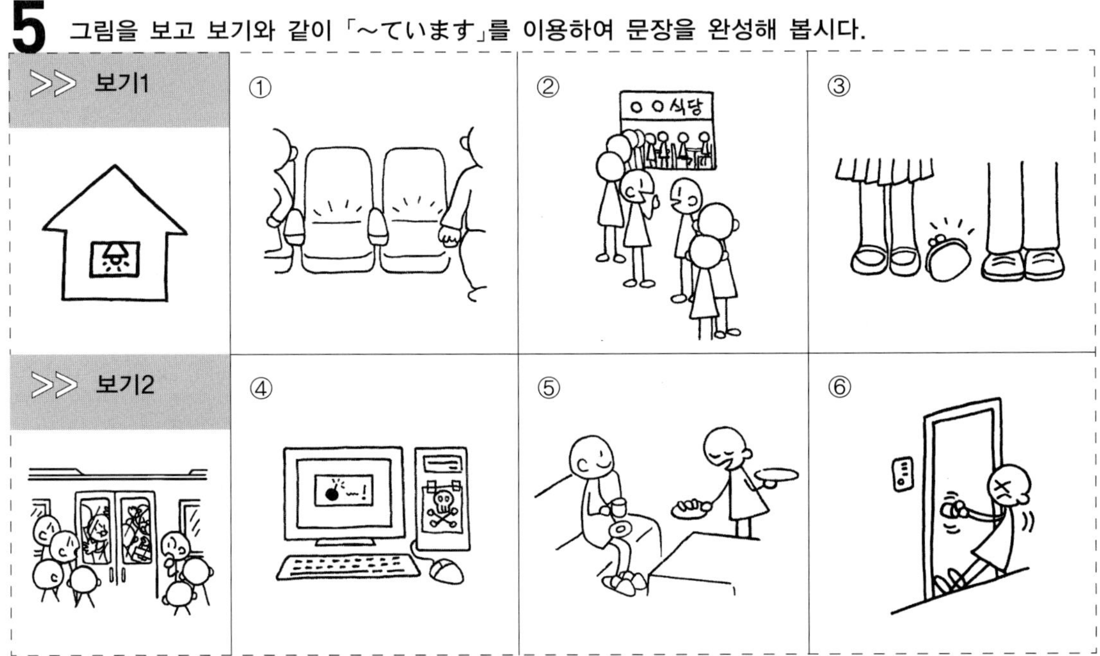

>> 보기 1	電気がついていますから、だれかいます。 でんき
>> 보기 2	電車がこんでいて、乗ることができませんでした。 でんしゃ　　　　　　　　の

① _______________________　から、あそこにすわりましょう。

② _______________________　から、たぶんあの食堂はおいしいです。
しょくどう

③ _______________________　から、けいさつにとどけます。

④ _______________________　て、メールを送ることができません。
おく

⑤ _______________________　て、おそくなりました。すみません。

⑥ _______________________　て、へやに入ることができませんでした。
はい

6 보기와 같이 「もう～ています」 또는 「まだ～ていません」를 사용해서 다음 질문에 답해 봅시다.

① 田中さんは来ましたか。（はい）

→ ____

② かいぎは終わりましたか。（いいえ）

→ ____

③ レポートを出しましたか。（いいえ）

→ ____

④ 電話料金をはらいましたか。（いいえ）

→ ____

⑤ キョンジュのさくらはさきましたか。（はい）

→ ____

⑥ ぐんたいへ行きましたか。（いいえ）

→ ____

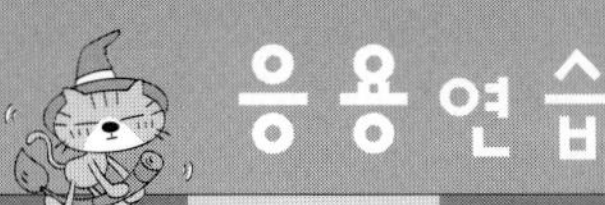

1 그림에 그려진 조금 전 (さっき)과 지금(今)의 방 상태, 또한 山田 씨와 강 씨의 모습을 비교해서 보기와 같이 「〜ています」를 사용하여 말해 봅시다.

보기

さっきはまどが開いていましたが、今はしまっています。

보기　さっき

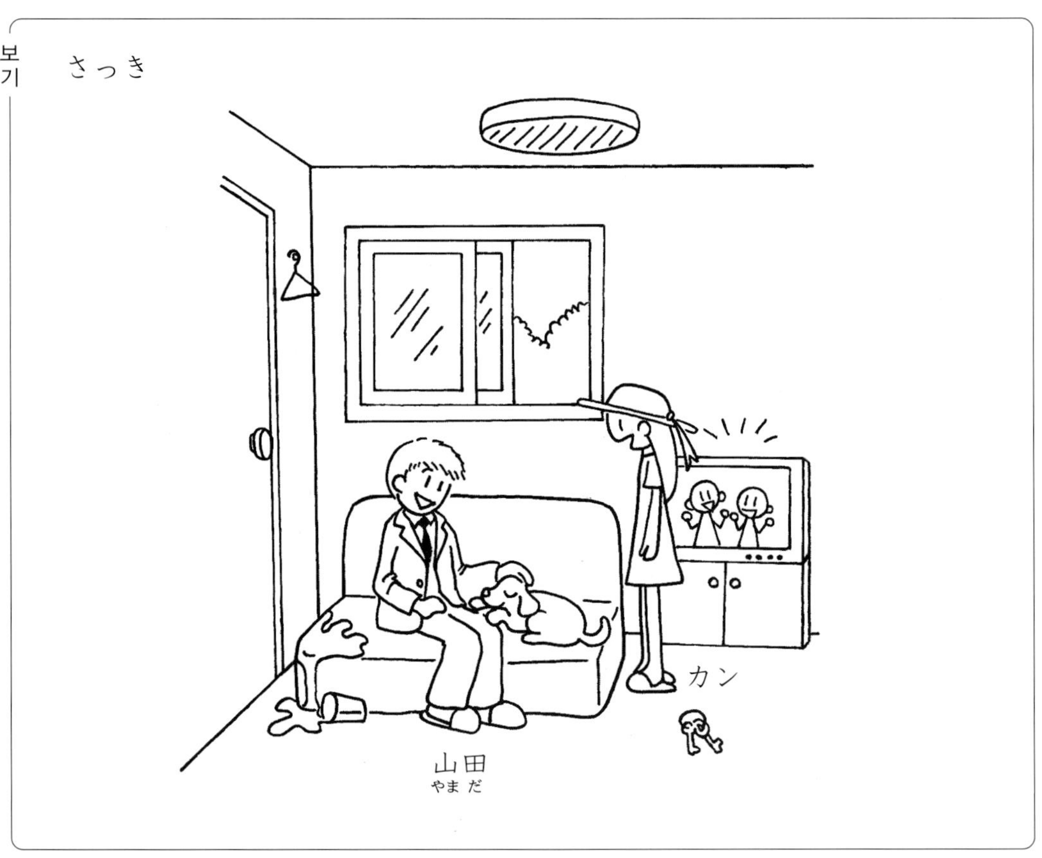

今
いま
山田
やまだ
カン

2 보기와 같이 괄호 안에 들어 있는 형용사와 동사의 형태를 바꿔서 올바른 문장으로 만들어 봅시다.

> 보기
>
> きのう先生（せんせい）に（会（あ）います）に研究室（けんきゅうしつ）へ（行（い）きます）が、
> 研究室（けんきゅうしつ）にはかぎが（かかります）。
> → きのう先生（せんせい）に会（あ）いに研究室（けんきゅうしつ）へ行（い）きましたが、
> 研究室（けんきゅうしつ）にはかぎがかかっていました。

① けいたい電話（でんわ）で（話（はな）します）ながら車（くるま）を（運転（うんてん）します）と、こうつういはんに（なります）から、（注意（ちゅうい）します）てください。

→ ____

② きのう（おそい）（起（お）きます）て、ごはんを（食（た）べません）で、学校（がっこう）へ（行（い）きます）が、先生（せんせい）はもう教室（きょうしつ）に（来（き）ます）。

→ ____

③ けさ、ごはんを（食（た）べます）てから、おなかが（いたい）（なります）て、きょうは一日中（いちにちじゅう）、家（いえ）で（休（やす）みます）。

→ ____

④ 新（あたら）しいデジカメが、きのうデパートで（安（やす）い）（売（う）ります）が、5000円（えん）しか（持（も）ちません）て、（買（か）います）ことが（できません）。

→ ____

⑤ 先週（せんしゅう）のしゅうまつは、まだレポートを（書（か）きません）から、ずっと家（いえ）で（勉強（べんきょう）します）。

→ ____

⑥ おととい友だちと映画を（見ます）てから、デパートへ（行きます）が、ちょうどバーゲンセールを（します）て、すてきな服をたくさん（買います）。

→ ____

⑦ きのうヨイドでたくさんの人がデモを（します）。それで、バスに（乗ります）ことが（できません）て、家まで（歩きます）て（帰ります）。

→ ____

⑧ パスポートを（持ちません）と、海外へ（行きます）ことができませんから、早く（作ります）てください。

→ ____

⑨ きょうまでに図書館へ本を（かえします）に（行きます）なければなりませんが、かぜを（ひきます）て、家で（ねます）から、まだ（かえします）に（行きません）。あしたかあさって（行きます）つもりです。

→ ____

⑩ 一日中スーツを（着ます）て、ネクタイを（します）と、首が（いたい）（なります）て、つかれますから、私はスーツを（着ません）で（働きます）たいです。

→ ____

1 今、どこに住んでいますか。子どものころ、どこに住んでいましたか。

2 しつれいですが、けっこんしていますか。

3 私のメールアドレス（名前／電話ばんごう）を知っていますか。

4 カメラ（ＭＰ３／車）を持っていますか。

5 かばんに何が入っていますか。

6 カタカナの読み方をぜんぶおぼえていますか。

7 何か運動していますか。何か習っていますか。

8 もうしゅくだいをしましたか。もう昼（ばん）ごはんを食べましたか。

9 ＿＿＿＿＿＿＿の映画はもう見ましたか。

10 きょう何で学校へ来ましたか。バス（ちかてつ／道）はこんでいましたか。

기본문형

あきます	開きます	열립니다
にます	(似)ます	닮습니다
ジョギング		조깅

기본회화1

オリンピック		올림픽
ころ	頃	무렵, 경, 쯤
ぼく	僕	나
しんぶんしゃ	新聞社	신문사
つとめます	(勤)めます	근무합니다
ちょうど		마침
いまでも	今でも	지금도

기본회화2

ふとります	太ります	살찝니다
もえます	(燃)えます	불탑니다
デモ		데모
なるほど		과연
すぎます	(過)ぎます	지납니다

문법설명

こわれます	(壊)れます	부서집니다
こみます	(込)みます	붐빕니다
せき	席	좌석
あきます	空きます	(자리가) 빕니다
やせます		야윕니다
うんどうじょう	運動場	운동장

문형연습

きえます	(消)えます	꺼집니다

しまります	(閉)まります	닫힙니다
とまります	止まります	멈춥니다
すきます	空きます	(공간이) 빕니다
シャツ		셔츠
やぶれます	(破)れます	찢어집니다
きます	着ます	입습니다
スカート		스커트
めがね	眼鏡	안경
かけます		(안경을) 씁니다
ならびます	(並)びます	줄섭니다
たぶん	(多分)	아마
とどけます	(届)けます	가져다 줍니다
かよいます	通います	다닙니다
かいぎ	会議	회의
はらいます	(払)います	지불합니다
さきます	(咲)きます	핍니다

응용연습

たちます	立ちます	일어납니다
かかります	(掛)かります	(열쇠가) 잠깁니다
いはん	違反	위반
ちゅういします	注意します	주의합니다
バーゲンセール		바겐세일
つかれます	(疲)れます	피곤합니다

말해봅시다

メールアドレス		메일주소

Activity

1 페어 워크

가족사진을 한 장 준비해서 옆 사람에게 보이면서 이야기합시다. 우선 사진을 보이면서 자기 가족에 대해서 소개해 주세요. 상대방은 겉모습이나 습관적 행위나 직업 · 결혼 등의 신상에 대해서 질문해 주세요.

>> 보기

A : 私は5人家族です。兄はめがねをかけています。

B : じゃあ、この人がお兄さんですね。けっこんしていますか。

A : いいえ、まだしていません。

B : お兄さんは働いていますか。

A : はい、兄は銀行につとめています。

B : お兄さんは日本語を習っていますか。

A : いいえ、日本語を習っていません。英語を習っています。

154

A 씨는 B 씨에게 무언가를 권유하기도 하고 B 씨에게 무언가를 부탁해 보기도 합시다. B 씨는 A 씨의 기분이 손상되지 않도록 배려하면서 일반적으로 납득할 수 있는 이유를 예로 들어서 A 씨의 권유나 부탁을 거절할 수 있도록 해 주세요. A 씨는 자기의 권유나 부탁을 B 씨가 받아들일 수 있도록 B 씨가 거절하는 이유를 해결해 줄 수 있도록 해 주세요.

>> 보기

映画にさそう（電話で）

A：今からいっしょに映画を見に行きませんか。

B：きょうは雨がふっていて、出かけたくないです。

A：私は車を持っていますから、Bさんの家までむかえに（마중하러）行きますよ。

B：私、まだ日本語のしゅくだいをしていません。
あしたまでに出さなければなりませんから、きょうは
ちょっと…

A：映画を見てから、てつだいますよ。
私は一年間日本に住んでいましたから、まかせて（맡겨）
ください。

B：Aさんといっしょに映画を見に行くと、かれしがおこ
りますから、こまります。

A：私がBさんのかれしに電話をして、おねがいします（부탁합니다）から、だいじょうぶですよ。

B：あなたがきらいですから、いっしょに行きたくないです。
（→레드 카드！）

① 自動車を借りる。

② 土曜日の午後、いっしょにデパートへ買い物に行く。

③ こんばんいっしょにおさけを飲む。

④ おさけを飲んだ後で、二次会（이차）やカラオケにさそう。

2-06

회화를 듣고 다음 1~4의 문장이 회화의 내용과 맞으면 괄호에 ○표를, 다르면 ×표를 하시오.
또, 5의 질문에는 문장으로 답하시오.

1 たかはしさんは、となりのへやで服を着ていました。（　　）

2 先生は今、田中さんのメールを読んでいます。（　　）

3 今、雨がふっています。（　　）

4 田中さんは、ムンさんとのやくそくをわすれていました。（　　）

5 田中さんは、今から何をしますか。

先に（먼저）　やみます（그칩니다）　ほら（이봐）　かさをさします（우산을 씁니다）
よびます（부릅니다）

다음의 사토 씨의 일기를 읽고 아래의 질문에 답하시오.

私は、今年の3月から毎週木曜日に、かんこく料理を習いにHデパートの料理教室に通っています。かんこく料理の勉強を始めて、もう3ヶ月になります。きのうも料理のじゅぎょうがありましたから、Hデパートへ行きました。デパートに着くと、入り口に人がたくさんならんでいて、すぐに入ることができませんでした。Hデパートでは、きのうからバーゲンセールが始まって、いろいろな物を安く売っていました。私はなっとうが買いたくて、じゅぎょうが終わってから、地下1かいの食品売り場へ行きましたが、なっとうはもうありませんでした。とてもざんねんでした。家へ帰ると、日本の友だちからこづつみがとどいていました。はこを開けると、なっとうが入っていました。とてもうれしかったです。

料理教室(요리교실)　入り口(입구)　いろいろな(여러가지)　地下(지하)　食品(식품)
ざんねんな(유감스럽다)　こづつみ(소포)　とどきます(배달됩니다)

1　さとうさんは、どのぐらい料理教室に通っていますか。

2　この日記は何曜日に書きましたか。

3　どうしてきのうは、すぐにHデパートに入ることができませんでしたか。

4　なっとうは、Hデパートの何がいで売っていますか。

5　さとうさんは、なっとうを買うことができましたか。

17

ごはんはきちんと食べた
ほうがいいです。

밥은 반드시 먹는 편이 좋습니다.

01 ～てもいいです(～해도 좋습니다)

　　～てはいけません(～해서는 안 됩니다)

02 동사의 과거형(た형)

03 ～たことがあります(～한 적이 있습니다)

04 ～たほうがいいです(～하는 편이 좋습니다)

　　～ないほうがいいです(～하지 않는 편이 좋습니다)

05 ～たり、～たりします(～하기도 하고, ～하기도 합니다)

2-07

기·본·문·형

1. テストの時、じしょを見てもいいです。

2. 教室でたばこをすってはいけません。

3. 私はふじ山にのぼったことがあります。

4. もっと野菜を食べたほうがいいですよ。

5. 今週のしゅうまつはかみを切ったり、買い物したりします。

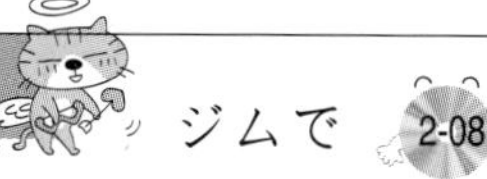 ジムで　2-08

トレーナー　ジムははじめてですか。

ミン　　　　はい。さいきんちょっと太りましたから、運動してやせたい
　　　　　　です。

トレーナー　何か運動をしたことがありますか。

ミン　　　　すいえいをしたことがあります。きれいにやせたいですが、
　　　　　　これからどんな運動をしなければなりませんか。

トレーナー　そうですね。まず歩いたり、走ったりしてください。
　　　　　　運動は毎日したほうがいいですよ。

ミン　　　　わかりました。食事は1日に3回食べてもいいですか。

トレーナー　はい。ごはんはきちんと食べたほうがいいですよ。
　　　　　　でも、食べすぎないでください。

ミン　　　　はい。そうします。
　　　　　　これからよろしくおねがいします。

헬스장에서

트레이너	헬스는 처음입니까?
민	예, 최근에 좀 살이 쪄서 운동해서 날씬해지고 싶어요.
트레이너	뭔가 운동을 한 적이 있습니까?
민	수영을 한 적이 있습니다. 예쁘게 날씬해지고 싶은데 지금부터 어떤 운동을 해야 합니까?
트레이너	글쎄요. 우선은 걷거나 달리거나 하세요. 운동은 매일 하는 편이 좋아요.
민	알겠습니다. 식사는 하루에 세 번 해도 됩니까?
트레이너	예. 식사는 반드시 먹는 편이 좋아요. 하지만 과식하지 마세요.
민	예, 그렇게 할게요. 앞으로 잘 부탁합니다.

医者　だいぶよくなりましたね。
いしゃ

ジャン　はい。さいきん、体にいい食べ物ばかり食べていますから。
　　　　　　　　からだ　　　　た　もの　　　　　た
　　　　あの、そろそろおさけを飲んでもいいですか。
　　　　　　　　　　　　　　　　　の

医者　いいえ、まだだめです。
いしゃ

ジャン　ビールも飲んではいけませんか。
　　　　　　　　　の

医者　はい。ビールも飲まないほうがいいです。
いしゃ　　　　　　　　の
　　　　もう少しがまんしてください。
　　　　　　すこ

ジャン　そうですか。わかりました。

医者　まだかんぜんになおっていませんから、食事には気をつけてく
いしゃ　　　　　　　　　　　　　　　　　　　しょくじ　　き
　　　　ださい。

ジャン　はい。先生、来週も病院に来なければなりませんか。
　　　　　　　せんせい　　らいしゅう　びょういん　こ

医者　いいえ、来週は来なくてもいいですよ。
いしゃ　　　　　らいしゅう　こ
　　　　来月、来てください。
　　　　らいげつ　き

병원에서

의사　꽤 좋아졌군요.

장　예, 최근 몸에 좋은 음식만을 먹고 있기 때문입니다.
　　저어, 슬슬 술을 마셔도 됩니까?

의사　아니오, 아직입니다.

장　맥주도 마셔서는 안 됩니까?

의사　예, 맥주도 마시지 않는 편이 좋아요. 조금 더 참으세요.

장　그렇습니까? 알겠습니다.

의사　아직 완전히 회복되지 않았으니까 식사에는 주의해 주세요.

장　예. 선생님, 다음 주에도 병원에 와야 합니까?

의사　아니오, 다음 주에는 오지 않아도 됩니다. 다음 달에 오세요.

○ 명사 ＋ばかり(~뿐, ~만)

대상을 한정하는 것을 나타낸다.

예 そふはおさけが好きですから、毎日おさけばかり飲んでいます。
할아버지는 술을 좋아하기 때문에 매일 술만 마시고 있습니다.

テレビばかり見ていないで、勉強しましょう。
TV만 보지 말고 공부합시다.

MEMO

1 ～てもいいです／～てはいけません

| 동사의 て형 | ＋もいいです (~해도 됩니다) |

| 동사의 て형 | ＋はいけません[だめです] (~해서는 안 됩니다) |

「～てもいいです」는 허가를 나타내고, 「～てはいけません」은 행위의 금지를 나타낸다.

예 テストの時、じしょを見てもいいです。 시험 볼 때 사전을 봐도 됩니다.

教室でたばこをすってはいけません。 교실에서 담배를 피워서는 안 됩니다.

車を運転しながら、けいたい電話で話してはいけません。
차를 운전하면서 휴대전화로 이야기해서는 안 됩니다.

A : ここで写真をとってもいいですか。 여기에서 사진을 찍어도 됩니까?

B : はい、（ここで写真をとっても）いいですよ。／ええ、どうぞ。
예, (여기에서 사진을 찍어도) 됩니다./예, 찍으세요.

B : いいえ、（ここで写真をとっては）いけません［だめです］。
아니오, (여기에서 사진을 찍어서는) 안 됩니다.

2 동사의 た형을 만드는 법

「て형」(12과)의 「て」「で」를 각각 「た」「だ」로 바꾸면 된다. 「た형」은 과거나 완료의 의미를 가진다. 「た형」의 부정형은 「なかった」(~지 않았다)의 형태가 되는데, 이것은 「ない형」(13과)에서 만들 수 있다.

		ます形	て形	た形	ない形	なかった形
동사 I		かきます	かいて	かいた	かかない	かかなかった
		のみます	のんで	のんだ	のまない	のまなかった
		あります	あって	あった	ない	なかった
동사 II		たべます	たべて	たべた	たべない	たべなかった
		います	いて	いた	いない	いなかった
동사 III		します	して	した	しない	しなかった
		きます	きて	きた	こない	こなかった

3　～たことがあります

> 동사의 た형 ＋ことがあります (～한 적이 있습니다)

> 과거의 경험을 나타낸다.

예　私はふじ山にのぼったことがあります。　나는 후지산에 올라간 적이 있습니다
　　わたし　　　さん

　　私はまだ男の人とつき合ったことがありません。　나는 아직 남자와 사귄 적이 없습니다.
　　わたし　　おとこ　ひと　　あ

　　A：ろてんぶろに入ったことがありますか。　노천온천에 들어간 적이 있습니까?
　　　　　　　　　　はい

　　B：はい、一度入ったことがあります。　예, 한 번 들어간 적이 있습니다.
　　　　　いちどはい

　　B：いいえ、ありません。　아니오, 없습니다.

4 ～たほうがいいです／～ないほうがいいです

[동사의 た형] ＋ほうがいいです (~하는 편이 좋습니다)

[동사의 ない형] ＋ほうがいいです (~하지 않는 편이 좋습니다)

상대방에게 충고를 할 때 등에 사용하다. 부정의 충고를 하는 경우는 「동사의 ない형+ほうが いいです(~지 않는 편이 좋아요)」가 된다.

例 もっと野菜を食べたほうがいいですよ。 야채를 더 먹는 편이 좋습니다.

もうすぐ試験がありますから、勉強したほうがいいです。
이제 곧 시험이 있으니까 공부하는 편이 좋습니다.

あまりおさけを飲みすぎないほうがいいですよ。
너무 술을 많이 마시지 않는 편이 좋습니다.

かんたんに人にお金を貸さないほうがいいですよ。
간단하게 남에게 돈을 빌려주지 않는 편이 좋습니다.

5 〜たり、〜たりします

| 동사의 た형 | ＋り、| 동사의 た형 | ＋りします |

(〜하기도 하고 〜하기도 합니다)

몇 개의 동작 중에서 예를 들어 설명할 경우에 사용한다. 시제는 문장 끝에 오는 동사에 의해서 정해진다.

예 今週のしゅうまつは、かみを切ったり、買い物したりします。
이번 주 주말은 머리를 자르기도 하고 쇼핑을 하기도 합니다.

今週の日本語のじゅぎょうでは、ビデオを見たり、会話のれんしゅうをしたりしました。
이번 주 일본어 수업에서는 비디오를 보기도 하고 회화연습을 하기도 했습니다.

このロボットは、ごはんを作ったり、そうじをしたりします。
이 로봇은 밥을 짓기도 하고 청소를 하기도 합니다.

1 다음 그림을 보고 보기와 같이 말해 봅시다.

>> 보기	① (はい)	② (いいえ)	③ (はい)
(いいえ) 			
	④ (いいえ) 	⑤ (はい) 	⑥ (いいえ) 

> **>> 보기**
>
> A : 先生、じしょを見てもいいですか。
> 　　せんせい　　　　　み
> B : いいえ、じしょを見てはいけません。
> 　　　　　　　　　　　み

① A : _______________________________

　 B : _______________________________

② A : _______________________________

　 B : _______________________________

③ A : _______________________________

　 B : _______________________________

④ A : _______________________________

　 B : _______________________________

⑤ A : _______________________________

　 B : _______________________________

⑥ A : ________________________________

  B : ________________________________

2 다음 그림을 보고 보기와 같이 말하시오.

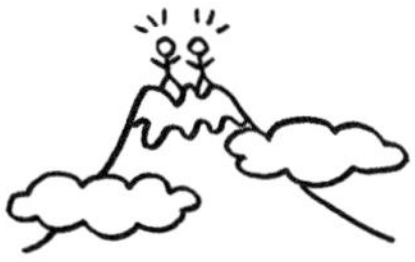

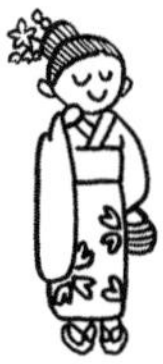

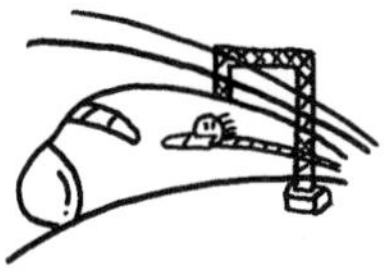

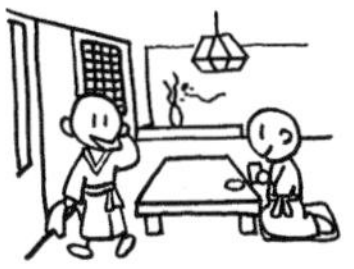

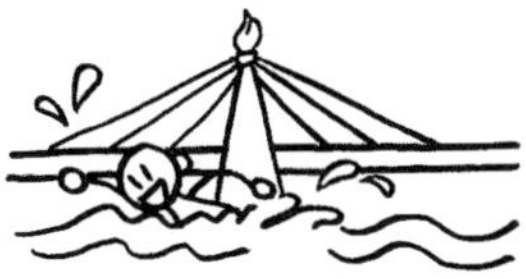

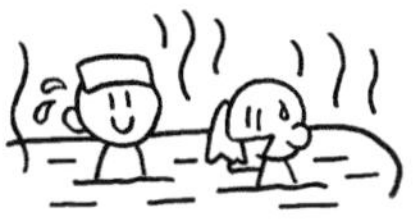

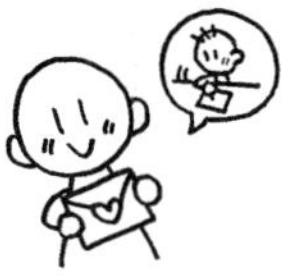

① ________________________________

② ________________________________

③ ________________________________

④ ________________________________

⑤ ________________________________

⑥ ________________________________

3 다음의 그림을 보고 아래에 써 있는 이유에 이어서 보기와 같이 충고해 봅시다.

>> 보기

① ② ③ ④ ⑤ ⑥

>> 보기　体に悪いです。→体に悪いですから、たばこをやめたほうがいいです。
　　　　からだ　わる　　　　からだ　わる
　　　　　　　　　　→体に悪いですから、たばこをすわないほうがいいです。
　　　　　　　　　　　からだ　わる

① 今日は午後から雨がふります。
　きょう　ごご　　あめ

　→ ____

② この時間は道がこんでいます。
　　じかん　みち

　→ ____

③ 今日はおきゃくさんが来ます。
　きょう　　　　　　　　き

　→ ____

④ ねつがあります。

　→ ____

⑤ このぶんぽうはきっとテストに出ます。
　　で

　　→ ____

⑥ ゆきがふっています。

　　→ ____

4 다음의 그림을 보고 「〜たり、〜たり」를 이용해서 보기와 같이 말하시오.

>> 보기　夜、テレビを見たり、しゅくだいをしたりします。
　　　　　　よる　　　　　　み

① _______________________　② _______________________

③ _______________________　④ _______________________

⑤ _______________________　⑥ _______________________

1 다음의 □ 안에서 적당한 동사를 골라서 적당한 형태로 바꾸시오. 같은 동사를 두 번 이용

해도 됩니다.

① 私はおさけを（　　　　　）ながら、おんせんに（　　　　　）ことがあり

ます。

② くつが（　　　　　）ていますから、（　　　　　）ほうがいいですよ。

③ さいふを家に（　　　　　）て、（　　　　　）ことがあります。

④ じゅぎょうの時は、ぼうしを（　　　　　）ほうがいいです。

⑤ 先週、ミンさんのうちで歌を（　　　　　）り、ギターを（　　　　　）

りしました。

⑥ 病気の時は、（　　　　　）ないほうがいいですよ。

⑦ 高校生の時、日本語の試験を（　　　　　）ことがあります。

⑧ 時計が（　　　　　）いませんから、電池を（　　　　　）ほうがいいです。

⑨ 私は子どものころ、先生にプレゼントを（　　　　　）ことがあります。

⑩ きのう、映画を（　　　　　）ながら、（　　　　　）り、（　　　　　）

りしました。

ひきます　します　読みます　洗います　もらいます　飲みます

こまります　入ります　歌います　うけます　見ます　つけます　よごれます

わすれます　動きます　かえます　ぬぎます　むりします　なきます

わらいます

> 보기
>
> ここにごみばこが<u>あります</u>から、ごみを<u>すてて</u>もいいです。

A

ここにごみばこがあります ——— ・ ごみを（すてます）もいいです。

① しゅうまつのパーティーは
いろいろな人が来ます
・ かのじょを（つれて行きます）もいいです。

② じゅぎょうは10分ぐらい
おくれて始まります
・ 私が食事を（作ります）り、おさらを（洗います）りします。

③ 工事をしています
・ 車で（行きます）はいけません。

④ 味が悪くなります
・ （急ぎません）もいいです。

⑤ 赤ちゃんがねています
・ あまりお金を（使いません）ほうがいいです。

⑥ 母は病気で何もすることができません
・ テレビを（けします）ほうがいいです。

⑦ 来月、新しいパソコンを買うつもりです
・ （ちこくします）はだめです。

⑧ 日本のタクシーは自動ドアです
・ ケーキをれいぞうこに（入れます）ほうがいいですよ。

⑨ あしたのかいぎはほんとうに大切です
・ おきゃくさんがドアを（しめません）もいいです。

⑩ 学校にはちゅうしゃじょうがありません
・ ここを（わたります）はいけません。

B

1　海外へ旅行に行ったことがありますか。いつですか。どこですか。
　　かいがい　りょこう　い

2　日本語で日本人と話したことがありますか。
　　にほんご　にほんじん　はな

3　UFO（ゆうれい）を見たことがありますか。いつですか。どこですか。
　　ユーフォー　　　　　　　み

4　おんせんに入ったことがありますか。いつですか。どこですか。
　　　　　　はい

5　ゆうべ、おさけを飲みすぎて、ふつかよいになりました。
　　　　　　　　の

　　（アドバイスしてください：〜ほうがいいです）

6　かぜの時、何をしないほうがいいですか。（〜ほうがいいです）
　　　　とき　なに

7　かんこくの大学生は、ＭＴでどんなことをしますか。（〜たり、〜たり）
　　　　　だいがくせい　エムティー

8　かんこくでは、正月（おぼん）にどんなことをしますか。（〜たり、〜たり）
　　　　　　しょうがつ

9　じゅぎょう中、おかしを食べてもいいですか。
　　　　　ちゅう　　　　た

10　どんな時、ぼうしをかぶってはいけませんか。
　　　　とき

기본문형		
もっと		더

기본회화1		
トレーナー		트레이너
はしります	走ります	달립니다
しょくじ	食事	식사
きちんと		반드시, 제대로

기본회화2		
びょういん	病院	병원
だいぶ		꽤, 제법
がまんします	(我慢) します	참습니다
かんぜんな	(完全) な	완전한

문법설명		
つきあいます	つき合います	사귑니다
ろてんぶろ	(露天風呂)	노천온천
いちど	1度	한 번
もうすぐ		이제 곧
ビデオ		비디오
ロボット		로봇

문법연습		
きもの	着物	기모노
りょかん	旅館	여관
ハンガン		한강

ラブレター		러브레터
もっていきます	持って行きます	가지고 갑니다
きっと		꼭
ひっこし	(引っ越し)	이사
かぐ	家具	가구

응용연습		
でんち	(電池)	전지
ぬぎます	(脱) ぎます	벗습니다
むりします	(無理) します	무리합니다
なきます	(泣) きます	웁니다
わらいます	(笑) います	웃습니다
つれていきます	つれて行きます	데리고 갑니다
こうじ	工事	공사
あじ	味	맛
けします	(消) します	끕니다
じどうドア	自動ドア	자동문
ちゅうしゃじょう	(駐車場)	주차장

말해보세요		
ユーフォー	UFO	유에프오
ゆうれい	(幽霊)	유령
しょうがつ	正月	설날
おぼん	お(盆)	추석

1 페어 워크

다음과 같은 사람에게 어떻게 하면 좋을지 충고해 주세요. 충고의 말을 들은 사람은 이유를 말하여 그 충고에 따르지 않도록 해 주세요.

>> 보기

かぜをひいてねつが出ました。

A：かぜをひいてねつが出ました。

B：薬を飲んだほうがいいですよ。

A：薬がありません。

B：じゃあ、病院へ行ったほうがいいですよ。

A：病院はきらいです。

B：そうですか。じゃあ、家でゆっくりねたほうがいいですよ。

① ねむいです。

② おなかがすきました。

③ あした日本語のテストです。

④ へやがきたないです。

2 역할놀이

어떠한 행동을 한 적이 있는가를 클래스 메이트들에게 물어서 보기 1과 같이 체크해 주세요. 최소한 한 사람 이상이 그러한 행동을 한 경험이 없으면 안 됩니다. 그리고 보기 2와 같이 「A さんは○○をしたことがあります(A 씨는 ○○을 한 적이 있습니다.)」로 발표해 주세요. 지명을 받은 A 씨는 ○○을 한 경험에 대해서 간단하게 발표해 주세요.

>> 보기 1	日本へ行ったことがある	A さん
(1)		
(2)		
(3)		

>> 보기 2	Bさん「Aさんは日本へ行ったことがあります。」 Aさん「はい、私は5さいの時、日本へ行きました。でも、ぜんぜんおぼえていません。ですから、夏休みに日本へ行きたいです。」

회화를 듣고 다음의 질문에 답하시오.

1 だれがムンさんのうちへ行きますか。

2 かんこくでは、ごはんの食べ方やスープの飲み方で、
どんなことに気をつけなければなりませんか。

3 日本では、食事の時、何に気をつけますか。

4 あべさんはいつ食事を始めたほうがいいですか。

マナー(매너) お茶わん(밥그릇) おわん(공기, 그릇) 口をつけます(입을 댑니다)
スープ(수프, 국) ちがいます(다릅니다) りょう(양) 目上(손윗사람)

다음 글을 읽고, 1~4의 문장이 글 내용과 맞으면 괄호에 〇표를, 다르면 ×표를 하시오.

<ごみのすて方とごみとうばんについて>

ごみは曜日をまもってすてなければなりません。もえるごみは月曜日と木曜日、もえないごみは水曜日、ビン・カン・ペットボトルは金曜日、プラスチックは毎月だい2、だい4火曜日にきちんと分けて出してください。生ごみは水を切ってすててください。ペットボトルはラベルをとって出してください。プラスチックはきれいに洗ったほうがいいです。もえないごみの日に電池はすててもいいですが、電気せいひんはすててはいけません。

ごみとうばんは、みんながじゅんばんにしなければなりません。とうばんの人は朝7時から8時半までごみすて場にいて、ごみのすて方をしどうしてください。ごみのせいりはしなくてもいいです。きれいなまちづくりにごきょうりょくおねがいします。

とうばん(당번) 〜について(〜에 대하여) まもります(지킵니다) もえるごみ(타는 쓰레기) もえないごみ(타지 않는 쓰레기) ビン(병) カン(캔) ペットボトル(페트병) プラスチック(플라스틱) だい〜(제〜) 分けます(나눕니다) 生ごみ(음식·쓰레기) 水を切ります(물기를 없앱니다) ラベル(라벨) 電気せいひん(전기제품) じゅんばんに(순번대로) ごみすて場(쓰레기 버리는 곳) しどうします(지도합니다) せいり(정리) まちづくり(마을 만들기) きょうりょく(협력)

1 生ごみはどのようにすてますか。

2 電池はいつすてますか。

3 ごみとうばんは何をしなければなりませんか。

4 ごみとうばんは何をしなくてもいいですか。

18

ソウルのこうつうについて どう思いますか。

서울의 교통에 대해서 어떻게 생각합니까?

기 · 본 · 문 · 형 2-13

1. あした、友だちが家へあそびに来る。

2. 先週の日曜日は、ひまだった。

3. あしたは雨がふらないと思います。

4. じこで電車が止まったので、バスで行きましょう。

5. もうお金がありません。

6. 兄はまだ大学生です。

飲み会のやくそく 2-14

の　かい

イ　　　さとうさん、ひさしぶりね。元気だった？

げんき

さとう　うん。イさんは？さいきん仕事、どう？

しごと

イ　　　いそがしくてたいへんよ。毎日ざんぎょうしてるわ。

まいにち

さとう　へえ。ぼくの会社は今月ひまで、よく会社の人と飲みに行ってるよ。

かいしゃ　こんげつ　　　　　かいしゃ　ひと　の　　い

イ　　　わあ、いいなあ。私もあそびたいなあ。ずっとあそんでないから。

わたし

さとう　仕事しすぎちゃだめだよ。ねえ、来週の土曜日の夜、　会社の人

しごと　　　　　　　　　らいしゅう　どようび　よる　かいしゃ　ひと
と飲むつもりだけど、いっしょに行かない？

の　　　　　　　　　　　い

イ　　　えっ、ほんとう？いいの？

さとう　もちろん。女の人が少ないから、みんなよろこぶよ。

おんな　ひと　すく

イ　　　そう？じゃあ、行かなきゃね。

い

さとう　うん。楽しみだな。

たの

회식약속

회식약속

이	사토 씨, 오래간만이야. 잘 지냈어?	사토	일을 너무 지나치게 하면 안 돼. 있잖아.
사토	응, 이 씨는? 최근에 하는 일은 어때?		다음 주 토요일 밤에 회사 사람과 마실 생각
이	바빠서 힘들어. 매일 잔업을 하고 있어.		인데, 함께 가지 않겠어?
사토	헤에? 우리 회사는 이번 달은 한가해서 회	이	에? 정말? 괜찮겠어?
	사 사람들과 자주 마시러 가고 있어.	사토	물론이지. 여자가 적어서 모두 기뻐할 거야.
이	와아, 좋겠네. 나도 놀고 싶어. 쭉 놀지 않았	이	그래? 그러면 가야겠네.
	기 때문에.	사토	응, 기대되는 걸.

なかい　ソウルのこうつうについてどう思いますか。

チェ　そうですね。ちかてつはべんりだと思いますが、

バスとタクシーは不便だと思います。

なかい　どうしてですか。

チェ　朝のラッシュの時、道がこんで、とても時間がかかるので、

不便です。そう思いませんか。

なかい　そうですね。でも、ぼくはその時間は、まだ家にいますから、

わかりません。

チェ　いいですね。

私はラッシュの時、もうバスやタクシーには乗りません。

なかい　会社におくれたことがありますか。

チェ　ええ、何回もありますよ。

なかい　つうきんはたいへんですね。

서울의 교통

나카이　서울의 교통에 대해서 어떻게 생각합니까?

최　글쎄요. 지하철은 편리하다고 생각하지만,
버스와 택시는 불편하다고 생각합니다.

나카이　왜요?

최　아침의 러시아워 때, 도로가 밀려서 매우 시
간이 걸리기 때문에, 불편합니다.
그렇게 생각하지 않습니까?

나카이　그러네요. 하지만 나는 그 시간은 아직 집에
있기 때문에 모릅니다.

최　좋겠군요. 나는 러시아워 때에는 더 이상 버
스나 택시를 타지 않습니다.

나카이　회사에 늦은 적은 있습니까?

최　예에, 몇 차례나 있습니다.

나카이　통근은 힘들군요.

「?」에 대해서

보통체(반말 표현)를 표현하는 경우에는 의문의 종조사 「か」 대신에 상승조의 인토네이션에 의해서 의문을 나타낸다. 따라서 표기상 의문문인지 아닌지를 이해하기 어렵기 때문에 보통체의 의문문에는 일본어의 마침표인 「。」 대신에 의문부호 「?」를 사용하기로 한다.

종조사(終助詞)

～か	의문, 질문을 나타낸다. 예 何年生ですか。 몇 학년입니까?
～ね	1. 공감을 호소한다. 예 A : 今日は暑いですね。 오늘은 덥군요. 　　B : そうですね。 그렇군요. 2. 다짐, 확인을 나타낸다. 예 A : やくそくの時間は3時ですね。(↗) 약속시간은 세 시죠? 　　B : ええ、そうです。 예, 그렇습니다.
～よ	이야기를 듣는 사람에게 필요한 정보를 알리거나 가르쳐 줄 경우에 사용한다. 예 A : テストは来週ですね。 시험은 다음 주죠? 　　B : いいえ、今週ですよ。 아니오, 이번 주입니다. ここはあぶないですよ。中に入らないでください。 여기는 위험해요. 안에 들어가지 말아 주세요.
～よね	「～ね」보다 불확실한 것에 대한 다짐을 나타낸다. 예 やくそくの時間は、たしか3時でしたよね。 약속시간은 확실히 세 시였죠?
～わ	여성이 어조를 부드럽게 하기 위해서 사용한다. 예 こんばん、電話するわ。 오늘 저녁에 전화할게요.

～な（ぁ）	감동, 감탄, 영탄 예 あの車、かっこいいな（ぁ）。 저 차 멋지군요. くるま

～かな
～かしら
	의문을 나타낸다. 혼잣말을 할 경우에 자주 사용하지만, 의문문을 대신해서 사용하기도 한다. 「～かな」는 남녀 모두가 사용하지만, 「～かしら」는 주로 여성이 사용한다.
	
	예 あした、雨かな。 내일 비가 올까?
	    あめ
	   あした、雨かしら。 내일 비가 올까?
	    あめ

○ 축약형/생략형

보통체의 회화에서는 축약형과 생략형이 자주 사용된다.

～ている	～てる	かれは今、プールでおよいでる。 いま 그는 지금 수영장에서 헤엄치고 있다. かれは今、プールでおよいでない。 いま 그는 지금 수영장에서 헤엄치지 않고 있다.
～ては／～では	～ちゃ／～じゃ	ここでたばこをすっちゃいけない。 여기에서 담배를 피워서는 안 된다. こんばんはおさけを飲んじゃだめ。 の 오늘 밤은 술을 마셔서는 안 된다.
～なければ	～なくちゃ ～なきゃ	あしたの朝早く起きなくちゃ／起きなきゃ（ならない）。 あさはや　お　　　　　　　　　　お 내일 아침 일찍 일어나야 한다.
～てください	～て／～で	本を読んで（ください）。 ほん　よ 책을 읽어 주세요.
～ないでください	～ないで	ここでたばこをすわないで（ください）。 여기에서 담배를 피우지 마세요.

1 보통체(반말표현)

여기까지 학습해 온 「정중형(〜です、〜ます)」가 격식을 차리는 경우나 손윗사람에 대해서 사용되는 것에 비해서, 보통체는 사적인 자리나 손아랫사람에 대해서 사용한다. 어느 쪽을 사용할지는 대화를 하는 장소, 연령, 지위가 높고 낮은 관계, 친밀도 등에 의해서 정해진다.

▼ 보통체의 형(이하에서는 「보통형」이라고 함)

1)명사 / な형용사

	긍정형		부정형	
	정중형	보통형	정중형	보통형
비과거	〜です	기본형	〜じゃありません	ない형
	あめです	あめだ	あめじゃありません	あめじゃない
	ひまです	ひまだ	ひまじゃありません	ひまじゃない
과거	〜でした	た형	〜じゃありませんでした	なかった형
	あめでした	あめだった	あめじゃありませんでした	あめじゃなかった
	ひまでした	ひまだった	ひまじゃありませんでした	ひまじゃなかった

2) い形용사

	긍정형		부정형	
	정중형	보통형	정중형	보통형
비과거	〜いです	기본형	〜くないです	ない형
	さむいです	さむい	さむくないです	さむくない
	いいです	いい	よくないです	よくない
과거	〜かったです	た형	〜くなかったです	なかった형
	さむかったです	さむかった	さむくなかったです	さむくなかった
	よかったです	よかった	よくなかったです	よくなかった

3) 동사

		긍정형		부정형	
		정중형	보통형	정중형	보통형
비과거		ます형	기본형	〜ません	ない형
	I	かきます	かく	かきません	かかない
	II	ねます	ねる	ねません	ねない
	III	きます	くる	きません	こない
과거		〜ました	た형	〜ませんでした	なかった형
	I	かきました	かいた	かきませんでした	かかなかった
	II	ねました	ねた	ねませんでした	ねなかった
	III	きました	きた	きませんでした	こなかった

2 보통체의 회화

1) 보통체의 회화에서는 의문의 종조사「か」가 생략되기 쉬우며, 그 대신에 상승조의 인토네이션에 의해서 의문문임을 나타낸다. 보통형에「か」가 붙은 문장은 남성이라면 사용하는 경우가 있다.
   정중체의 대답어「はい／いいえ」는 보통체에서는「うん／ううん」으로 바뀐다.

예 今日、学校へ行く？（↗）－うん。行く。／ううん、行かない。
   오늘 학교에 가니? －응, 간다./ －아니, 안 가.

2) 명사 / な형용사 보통체의 긍정형의 단어 끝에 오는「だ」는 생략되기 쉽다. 의문문에서는 반드시 생략된다. 대답하는 문장에서는「だ」를 생략하거나「だ」뒤에 종조사를 붙임으로써 부드러운 표현으로 한다.

예 しょうちゅうが好き？ [남녀 모두] －うん、好き／好きだ／好きだよ。 [남성]
   소주 좋아해?   － 응, 좋아해.

   　　　　　　　　　　　　　　　　　　　　－うん、好き／好きよ。 [여성]
   　　　　　　　　　　　　　　　　　　　　－ 응, 좋아해.

   　　　　　　　　　　　　　　　　　　　　－ううん、好きじゃない。 [남녀 모두]
   　　　　　　　　　　　　　　　　　　　　－ 아니, 좋아하지 않아.

3) 보통체의 회화에서는 문장의 구성요소(구성성분)나 문맥으로부터 의미를 이해할 수 있는 경우에는 조사가 생략되기 쉽다.

예 たばこ（を）すう？ 담배(를) 피워?

   あした、よこはま（へ）行かない？ 내일 요코하마(에) 안 갈래?

   このかいだん（は）、すべりやすいね。 이 계단(은) 미끄러지기 쉽군.

   そこに、はいざら（が）ある？ 거기에 재떨이(가) 있니?

3 동사/い형용사/명사・な형용사의 보통형　＋と思います
おも
(〜라고 생각합니다)

자신의 의견이나 생각과 추측을 진술할 때에 사용한다.

예　あしたは雨がふらないと思います。（＝あしたは雨じゃないと思います。）
あめ　　　　　　　　　おも　　　　　　　　あめ　　　　　おも
내일은 비가 오지 않는다고 생각합니다.

パクさんは今、図書館で勉強していると思います。
いま　としょかん　べんきょう　　　　おも
박 씨는 지금 도서관에서 공부하고 있다고 생각합니다.

A : かんこくのわかい人についてどう思いますか。
ひと　　　　　おも
한국의 젊은이에 대해서 어떻게 생각합니까?

B : ロマンチックだと思います。낭만적이라고 생각합니다.
おも

あの女の人はきっと田中さんのおくさんだと思います。
おんな　ひと　　　　たなか　　　　　　　おも
저 여자는 필시 다나카 씨의 부인이라고 생각합니다.

日本の夏はかんこくより暑いと思います。일본의 여름은 한국보다 덥다고 생각합니다.
にほん　なつ　　　　　　　あつ　おも

A : あしたのパーティー、行く？내일 파티에 갈 거니?
い

B : たぶん行くと思う。어쩌면 갈 거라고 생각해.
い　おも

4

문장A : 동사/い형용사의 보통형

문장A : 명사/な형용사의 보통형(*～だ→～な)

}+ので、 문장B

(～(이)기 때문에, ～)

이유·원인을 나타내고 정중형의 회화나 문장어체에서 자주 사용된다. 보통체의 회화에서 사용되는 경우는 「～んで」가 된다. 의미는 「～から」와 똑같으나, 변명 등에 사용되는 경우에는 「～から」보다도 부드럽게 들린다.

· 「～からだ／～からです」라고 표현할 수도 있는데, 「～のでだ ／～のでです」라고 하는 표현은 사용하지 않는다.

· 「～ので」 앞에 정중체를 이용해서 더욱 정중하게 표현할 수도 있다.

예　じこで電車が止まったので、バスで行きましょう。

사고로 전차가 멈추었기 때문에 버스로 갑시다.

すみませんが、あまり日本語がわからないので、ゆっくり話してください。

미안합니다만, 그다지 일본어를 잘 못 알아듣기 때문에 천천히 말해 주세요.

ひまなので、家でずっとビデオを見ています。

한가해서 집에서 쭉 비디오를 보고 있습니다.

長い時間、かいぎをしたので、家に電話をかけることができませんでした。

긴 시간 회의를 했기 때문에 집에 전화를 걸 수가 없었습니다.

A : どうしてあのパソコン、買わなかった？　왜 저 PC, 사지 않았니?

B : 高かったんで、やめたよ。　비싸서 그만뒀어.

5 もう＋ 부정문 (더 이상 ～)

まだ＋ 긍정문 (아직 ～)

「もう」는 부정문에서「まだ」는 긍정문에서 사용하는 경우도 있다.「もう」는 사태가 이미 변화해 있는 것(완료)을 나타내고,「まだ」는 사태가 변화하지 않고 있는 것(미완료)을 나타낸다.

예 もうお金がありません。 더 이상 돈이 없습니다.

兄はまだ大学生です。 형은 아직 대학생입니다.

A : まだ雨、ふってる？ 아직 비가 내리고 있니?

B : ううん、もうふってない。 아니, 이제 안 와.

문형 연습

1 다음의 문장을 보통체로 바꾸시오.

① A : あの建物はしやくしょですか。→

　　 B : いいえ、ちがいます。あれは病院ですよ。

　　　 →

② A : ムンさん、今いそがしいですか。→

　　 B : いいえ、いそがしくないです。ひまです。

　　　 →

③ A : ソウルの冬と東京の冬とどっちが寒いですか。

　　　 →

　　 B : ソウルの冬のほうが寒いです。→

④ A : 日本語の勉強はたいへんですか。→

　　 B : はい、たいへんです。→

　　　 でも、日本へりゅうがくしたいから、がんばるつもりです。

　　　 →

⑤ A : けっこんしていますか。→

　　 B : いいえ、まだけっこんしていません。

　　　 →

⑥ A : 昼ごはんを食べすぎました。→

　　 B : 体によくないですから、食べすぎないでくださいね。

　　　 →

2 다음의 문장을 보통체로 바꾸시오.

① A：ギターをひいてもいいですか。→

   B：いいえ、ひいてはいけません。→

② A：ふじ山にのぼったことがありますか。→

   B：いいえ、ありません。→

③ A：いっしょにきっさてんで試験勉強をしませんか。

   →

   B：ごめんなさい。すぐに家へ帰らなければなりません。

   →

④ A：夏休み、私の家へあそびに来ませんか。

   →

   B：はい、行きたいです。→

⑤ A：きのう何をしましたか。→

   B：音楽を聞いたり、本を読んだりしました。

   →

⑥ A：私は冬になると、かぜをひきやすくなります。

   →

   B：じゃあ、うがいをしたほうがいいですよ。

   →

3 보기와 같이 대답하시오.

>> 보기

A : ジョンさんはどこにいますか。（運動場）
B : 運動場にいると思います。

① A : 東京の人口はどのぐらいですか。（800万人ぐらい）

B : ____

② A : おおさかまで行きたいですが、しんかんせんとひこうきと、どっちがべんりですか。（しんかんせん）

B : ____

③ A : 来年のけいきについてどう思いますか。（だんだんよくなります）

B : ____

④ A : キムさんはどこにりゅうがくしましたか。（アメリカ）

B : ____

⑤ A : きのうのパーティーに田中さんは来ましたか。（いいえ）

B : ____

⑥ A : 日本語のじゅぎょうはどうですか。（むずかしいですが、楽しいです）

B : ____

4 보기와 같이 「～ので」를 사용해서 다음의 두 개의 문장을 하나로 바꾸시오.

きのう、おさけをたくさん飲みました。けさは気分が悪いです。
→きのう、おさけをたくさん飲んだので。けさは気分が悪いです。

① あした、日本から友だちがあそびに来ます。くうこうへむかえに行きます。

→ ____

② キムさんは日本へりゅうがくしていました。日本語がとても上手です。

→ ____

③ 仕事がいそがしいです。パーティーには行かないつもりです。

→ ____

④ 学生の時、勉強がきらいでした。よくじゅぎょうを休みました。

→ ____

⑤ あしたは休みです。よくねるつもりです。

→ ____

⑥ きのうは日曜日でした。店はしまっていました。

→ ____

5 보기와 같이 회화를 해 봅시다.

>> 보기

レストランへフランス料理を食べに行きます。／母のたんじょうびです。

A：どうしてレストランへフランス料理を食べに行きますか。

B：母のたんじょうびなので、レストランへフランス料理を食べに
行きます。

① 教室が寒くなりました。／ヒーターがきえました。

A：

B：

② わかりません。／よしゅう・ふくしゅうをしませんでした。

A：

B：

③ 車を洗ったり、びょういんに行ったりします。／あしたデートです。

A：

B：

④ 旅行へ行きません。／体のちょうしがよくないです。

A：

B：

⑤ バスに乗りません。／時間がかかって不便です。

A：

B：

⑥ りょうに住んでいます。／学校に近くてやちんが安いです。

A: ______________________________________

B: ______________________________________

6 보기와 같이 「～と思います」를 사용해서 대답해 봅시다.

① A : この映画はおもしろいですか。（いいえ、たぶん）

　 B : ______________________________________

② A : キムさんのお姉さんもパーティーに来ますか。（はい、きっと）

　 B : ______________________________________

③ A : たかはしさんはまだチェさんを待っていますか。（はい、まだ）

　 B : ______________________________________

④ A : 田中さんはまだラジカセを使っていますか。（いいえ、もう）

　 B : ______________________________________

⑤ A : ぶちょうはもう飲みませんか。（いいえ、まだ）

　 B : ______________________________________

⑥ A : イさんはまだ大学生ですか。（いいえ、もう）

　 B : ______________________________________

1 （　）에 「もう」나 「まだ」를 넣으시오.

① A：（　　　　）昼ごはんを食べましたか。

　　B：いいえ、（　　　　）です。

② A：（　　　　）おなかがいたいですか。

　　B：いいえ、（　　　　）いたくないです。

③ 料理がまずいので、（　　　　）この食堂には来ません。

④ A：このぶんぽうは（　　　　）習いましたか。

　　B：いいえ、（　　　　）習っていません。

⑤ 映画は（　　　　）始まっています。

⑥ ぺさんは（　　　　）ここへ来ません。

　　寒いですが、みんなぺさんを待っています。

⑦ チェさんは（　　　　）家へ帰りました。

⑧ かとうさんは（　　　　）会社にいます。

　　いそがしくて（　　　　）仕事が終わりません。

⑨ A：寒くなりましたが、（　　　　）ジョギングしていますか。

　　B：いいえ、（　　　　）ジョギングしていません。

⑩ A：（　　　　）ゆきはやみましたか。

　　B：いいえ、（　　　　）ふっています。

2 다음의 회화를 보통체로 바꾸시오.

男：テストのてんすうはよかったですか。
おとこ

女：いいえ、あまりよくなかったです。
おんな

テストの前の日に、かぜで学校を休みましたから。
まえ ひ がっこう やす

田中さんはどうでしたか。
た なか

男：ぼくはよかったですよ。たくさん勉強しましたから。
おとこ べんきょう

ほら、80 てんもとりましたよ。

女：あら、私より悪いですね。
おんな わたし わる

男：え、きむらさんは何てんでしたか。
おとこ なん

女：私は 90 てんでした。
おんな わたし

男：あのう、90 てんはいいてんだと思いますが。
おとこ おも

女：でも、100 てんをとりたかったですから…。
おんな

1　けさ、何時に起きた？朝ごはん、食べた？何、食べた？

　　けさ、新聞、読んだ？

2　今年の夏休み（冬休み）にどこか行った？

　　どこへ／何で／だれと／何しに行った？

3　こんばん、おさけ飲む？運動する？シャワーあびる？

4　18かのぶんぽう、よくわかった？どうだった？

5　いつ映画を見に行きますか。それはどうしてですか。（〜ので）

6　どうして日本語を勉強していますか。（〜ので）

7　来年のけいき（かんこくの大学生）についてどう思いますか。

8　しょうらい、どんな仕事がしたいと思いますか。

9　まだ家族といっしょにねますか。

10　このじゅぎょうが終わってから、まだじゅぎょうがありますか。

기본회화1				문형연습		
ざんぎょうします	(残業)します	잔업합니다		うがい		양치질
へえ		헤에		じんこう	人口	인구
わあ		와아		けいき	(景気)	경기
ねえ		있잖아(이야기를 꺼낼 때)		むかえます	(迎)えます	마중합니다
えっ		예에?		ヒーター		히터
よろこびます	(喜)びます	기뻐합니다		よしゅう	(予習)	예습
たのしみな	(楽)しみな	기대된다		デート		데이트
기본회화2				ちょうし	(調子)	상태
ラッシュ		러시(아워)		ラジカセ		라디오 카세트
つうきん	(通勤)	통근		ぶちょう	(部長)	부장
새로나온 표현				**응용연습**		
たしか	(確)か	확실히		まずい		맛없다
문법설명				やみます	(止)みます	(눈이) 그칩니다
かいだん	(階段)	계단		てんすう	(点数)	점수
はいざら	(灰皿)	재떨이		まえのひ	前の日	전날
～について		～에 대해서		ほら		이봐, 자
おくさん	(奥)さん	부인		とります	(取)ります	(점수를) 땁니다
やめます	(止)めます	그만둡니다		あら		어머

1
페어 워크

보기와 같이 보통체를 이용해서 전화로 약속을 해 봅시다.

>> 보기

（映画を見に行く）

A：もしもし、Bさん？

　　私、Aだけど、今週の土曜日、映画を見に行かない？

B：今週の土曜日？

　　私、アルバイトがあるから、行くことができないよ。

A：そう、ざんねん(유감이네)。じゃあ、日曜日はどう？

B：日曜日はだいじょうぶ。何もよてい、ないから。

A：じゃあ、3時に映画館の前で会わない？

B：うん、いいよ。じゃあ、日曜日ね。バイバイ。

A：バイバイ。

① いっしょに日本語の試験の勉強をする。

② いっしょにおさけを飲む。

2 역할놀이

그룹을 만들어 「～ので」「～と思う」를 이용해서 다음의 화제에 대해서 의견이나 추측을 말해 봅시다. 그리고 클래스에서 발표하시오.

> **>> 보기**

Q : 日本についてどう思いますか。

A : けいきがよくないので、生活がたいへんだと思います。

B : ぶっかが高いので、あまり物を買うことができないと思います。

C : 日本に行ったことがないので、わかりませんが、たぶん人がまじめでよく働くと思います。

D : じしん(지진)がときどきあるので、こわいと思います。

① 日本についてどう思いますか。

② この学校についてどう思いますか。

③ がくれき社会(학력사회)についてどう思いますか。

회화를 듣고 1~5의 질문에 답하시오.

1　たかはしさんとパクさんは、きのう、へやにいましたか。

2　きのう、たかはしさんはどこで何をしましたか。

3　パクさんはだれと何を買いに行きましたか。

4　キムさんはよく運動しますか。

5　たかはしさんとパクさんは、あべさんのかれにどんなプレゼントが
いいと思いましたか。

このごろ(요즘)　そっか(그렇구나)　スニーカー(스니커)

다음 글을 읽고, 1~4의 문장이 글 내용과 맞으면 괄호에 ○표를, 다르면 ×표를 하시오.

先週プサンのヘウンデへあそびに行った。ソウル駅からセマウルごうで行って、ヘウンデ駅で友だちに会った。とても元気だった。ヘウンデはきれいなまちで、海もきれいだった。昼は天気がよくて暑かったので、友だちといっしょに海でおよいだ。水着がなかったので、ホテルで買った。水着は15万ウォンで、ちょっと高いと思った。少しつかれたけど、楽しかった。7時ごろ雨がふったので、夜はすずしくなった。ヘウンデにはホテルやいざかやや屋台などがたくさんあった。私たちは屋台に入った。さしみを食べながらしょうちゅうを飲んだ。さしみはとてもおいしかったけど、屋台の料理はあまり安くなかった。でも、屋台のおばさんはおもしろい人だった。ヘウンデはほんとうにすてきだった。また行きたいと思う。

セマウルごう(새마을호)　水着(수영복)　すずしい(시원하다)　いざかや(선술집)

屋台(포장마차)　さしみ(회)

1　(　　)　ヘウンデはまちも海もきれいだった。

2　(　　)　友だちは水着をホテルで買ってから、私と海でおよいだ。

3　(　　)　屋台の食べ物はおいしかったけど、ちょっと高かったと思う。

4　(　　)　私は冬にヘウンデへ 行った。

19

雨がふったら、中止ですか。
あめ　　　　　　　　　　　　ちゅう　し

비가 오면, 중지합니까?

01 ～たら(～하면, ～했더니, ～하자, ～하다가)
02 ～ても(～해도)
03 ～んです(～건데요, ～ㄴ데요, ～ㄴ걸요, ～ㅆ거든요)

기·본·문·형 2-19

1. もしお金がたくさんあったら、いろいろな国を旅行したいです。
　　　　かね　　　　　　　　　　　　　　　　くに　りょこう

2. じゅぎょうが終わったら、図書館の前で会いましょう。
　　　　　　　　お　　　　　としょかん　まえ　あ

3. きのうデパートへ買い物に行ったら、木村さんに会いました。
　　　　　　　　か　もの　い　　　　　きむら　　　あ

4. あした雨がふっても、サッカーの試合をします。
　　　　あめ　　　　　　　　　　しあい

5. どうして学校を休んだんですか。
　　　　がっこう　やす

Chapter 19

기본회화 1

サッカーの試合 

おっと　　あしたも雨がふったら、サッカーの試合、中止かな？

つま　　　雨だったら、中止じゃないかしら？

おっと　　でも、ワールドカップでは、雨がふっても、試合、してたよ。

つま　　　ワールドカップと子どもたちの試合は、ちがうと思うんだけど。

おっと　　そうか。あした、お昼になったら、天気がよくなるといいね。

つま　　　そうね。子どもたち、がんばってれんしゅうしたから、

　　　　　試合、あるといいわね。

おっと　　そうだね。

つま　　　試合がなくても、どこか出かけたいわね。

おっと　　うん。もし、試合が中止になったら、

　　　　　みんなでびじゅつ館に行くか。

つま　　　うん、いいわね。

축구 시합

남편	내일도 비가 오면 축구시합 중지할까?
아내	비가 오면 중지하지 않을까?
남편	하지만 월드컵에서는 비가 와도 시합했었어.
아내	월드컵과 어린이들의 시합은 다르다고 생각하는데.
남편	그런가? 내일 낮이 되면 날씨가 좋아지면 좋겠군.
아내	그렇지. 어린이들 최선을 다해서 연습했으니까, 시합이 있으면 좋겠어.
남편	그래.
아내	시합이 없어도 어딘가 나가고 싶어.
남편	응, 만일 시합이 중지된다면 모두 미술관에 갈까?
아내	응, 좋아.

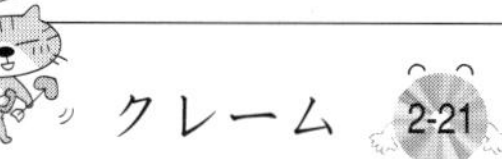

クレーム 2-21

ジャン　すみません。これ、先週買ったんですが、動かないんです。

店員　すみません。あ、時計ですね。ちょっと見せてください。

ジャン　新しい電池を入れたんですが、動きません。

店員　おかしいですね。あ、ここがわれていますね。

　　　おとしたり、ぶつけたりしませんでしたか。

ジャン　いいえ、何もしていません。

　　　家に帰ってはこから出したら、もうこわれていたんです。

店員　そうですか。もうしわけありません。それでは、新しい物と

　　　かえますので、レシートをおねがいします。

ジャン　あの、レシートがなかったら、だめですか。

　　　今日は持って来なかったんですが。

店員　じゃあ、すみませんが、あしたレシートを

　　　持って来てください。

장	미안합니다. 이거 지난 주에 샀던 건데요, 움직이지 않는 걸요.
점원	미안합니다. 아, 시계로군요. 좀 보여주세요.
장	새 건전지를 넣었는데 움직이지 않아요.
점원	이상하군요. 아, 여기가 망가져 있군요. 떨어뜨렸거나 부딪히지는 않았습니까?
장	아니오, 아무 것도 하지 않았습니다. 집에 돌아가서 상자에서 꺼냈더니 이미 부서져

있었습니다.

점원	그래요? 죄송합니다. 그러면 새로운 것과 교환해 줄 테니까 영수증을 부탁합니다.
장	저어, 영수증이 없으면 안 됩니까? 오늘 가져 오지 않았는데요.
점원	그러면 죄송하지만, 내일 영수증을 가지고 와 주세요.

1　〜たら

> | 문장A : 동사・형용사・명사의 た형/なかった형 | ＋ら、 | 문장B |
>
> (〜하면, 〜 : 가정조건)

성립할지 어떨지는 모르지만, A가 조건이 되어 그 결과로서 B가 일어나는 것을 나타낸다. 가정조건의 표현이다. B에는 의지・희망・명령・의뢰 등의 문장을 이용할 수가 있다.

예　もしお金がたくさんあったら、いろいろな国を旅行したいです。(희망)
만일 돈이 많이 있다면 여러 나라를 여행하고 싶습니다.

あしたひまだったら、いっしょに勉強したり、ビデオを見たりしませんか。(권유)
내일 한가하다면 함께 공부하기도 하고, 비디오를 보지 않겠습니까?

あした雨じゃなかったら、自転車で学校まで行くつもりです。(의지)
내일 비가 오지 않으면 자전거로 학교까지 갈 생각입니다.

しゅうまつ、天気がよくなかったら、山のぼりは中止しましょう。(제안)
주말에 날씨가 좋아지지 않으면 등산은 중지합시다.

2　〜たら

> | 문장A : 동사의 た형 | ＋ら、 | 문장B | (〜하면, 〜 : 확정조건)

A가 성립하는 것을 알고 있는 경우이며, A가 조건이 되어 그 결과로서 B가 일어나는 것을 나타낸다. 확정조건의 표현이다. B에는 의지・희망・명령・의뢰 등의 문장을 이용할 수가 있다. (동일한 확정조건을 나타내는 「Aと、B」의 B에는 이와 같은 문장을 이용할 수가 없다.)

例 夜になったら、友だちが来るよていです。（예정）
밤이 되면 친구가 올 예정입니다.

じゅぎょうが終わったら、図書館の前で会いましょう。（권유）
수업이 끝나면 도서관 앞에서 만납시다.

昼ごはんを食べたら、かいぎのじゅんびをしなければなりません。（의무）
점심을 먹으면 회의준비를 해야 합니다.

3 ～たら

文章A：동사의 た형/なかった형 ＋ ら、 文章B：과거형

（～했더니/～하자/～하다가, ～ : 상황적 조건）

A, B 모두 이미 일어난 사실적인 조건을 진술할 때에 사용한다.

例 きのうデパートへ買い物に行ったら、木村さんに会いました。
어제 백화점에 갔더니 기무라 씨를 만났습니다.

けっこんしたら、毎日とてもいそがしくなりました。 결혼했더니 매일 매우 바빠졌습니다.

けさ朝ごはんを食べなかったら、じゅぎょうの時とてもおなかがすきました。
오늘 아침 아침밥을 안 먹었더니 수업 때 매우 배가 고팠습니다.

4 ～ても／～なくても

> 문장A : 동사 · 형용사의 て형/명사의 접속형 ＋も、 문장B
>
> (～해도, ～ : 역조건)

> 문장A : 동사/い형용사/명사 · な형용사의 ない형(～~~ない~~)
>
> ＋なくても、 문장B (～하지 않아도)

A로부터 당연히 예상되는 동작이나 상황이 발생하지 않는 것을 B에서 진술하는 표현이다. A의 조건이 부정형일 때에「～なくても、～」가 된다.

예　あした雨がふっても、サッカーの試合をします。
内일 비가 와도 축구시합을 합니다.

（あした雨がふったら、サッカーの試合をしません。）
내일 비가 오면 축구시합을 하지 않습니다.

ねむくても、テストの勉強をしなければなりません。
졸려도 시험공부를 해야 합니다.

いくら仕事がたいへんでも、会社をやめないほうがいいです。
아무리 일이 힘들어도 회사를 그만두지 않는 쪽이 좋습니다.

先生は病気でも、学校へ来ました。 선생님은 병이 나도 학교에 왔습니다.

雨がふらなくても、いつもかさを持っています。
비가 오지 않아도 항상 우산을 가지고 있습니다.

来週テストなので、しゅくだいがなくても、勉強しなければなりません。
다음 주에 시험이 있으니까 숙제가 없어도 공부해야 합니다.

きゅうりょうがよくなくても、好きな仕事がしたいです。
급료가 좋지 않아도 좋아하는 일을 하고 싶습니다.

アメリカじゃなくても、英語はひつようです。 미국이 아니라도 영어는 필요합니다.

5 동사 · い형용사의 보통형

명사 · な형용사의 보통형(*〜だ→な)

}+んです

(〜건데요, 〜ㄴ데요, 〜ㄴ걸요, 〜ㅆ거든요)

상대방이 먼저 이야기했던 것이나, 그 대화의 상황에 관련지어서 무언가를 말할 때에 이용한다.

寒いですか。 춥습니까?
(はい／いいえ의 대답을 요구한다.)

寒いんですか。 추운가요?
(추워 보이는 상대의 모습, 상황을 보고서 はい／いいえ의 대답을 요구한다.)

▼ 평서문에서는 질문의 대답으로 이유를 설명하거나 먼저 서술한 것에 대해서 이유나 설명을 보충할 때에 사용한다. 또 무언가를 부탁할 때에 경위 · 상황을 설명하기 위한 화두 표현으로서도 사용한다.

예　A : きのう、カラオケへ行きましたか。 어제 가라오케에 갔습니까?

　　B : いいえ、しゅくだいがあったんです。 아니오, 숙제가 있었는 걸요.

　　こんばん、どこへも行きません。あしたテストなんです。
　　오늘 밤에 아무데도 가지 않습니다. 내일 시험이 있거든요.

　　この漢字の読み方がわからないんですが、教えてください。
　　이 한자를 읽는 방법을 모르겠는데요, 알려 주세요.

▼ 의문문에서는 상대의 상황과 어느 사실에 대해서 이유나 설명을 요구할 때에 사용한다.
　의문사「どうして」나「どう」와 함께 사용하는 경우가 많다.

예　きのう、どうして学校を休んだんですか。
　　어제, 왜 학교를 결석했나요?

　　A : その時計、どうしたんですか。
　　　　그 시계 어디서 난 겁니까?(그 시계는 어떻게 해서 갖게 된 건가요?)

　　B : 父からもらいました。きのうたんじょうびだったんです。
　　　　아버지한테서 받았습니다. 어제 생일이었거든요.

▼「～んです」의 보통체는「～の」이다.

예　あしたはアルバイトがあるの。(＝あしたはアルバイトなの。)
　　내일은 아르바이트가 있는 걸.

　　もう、うちへ帰るの？
　　이제 집에 가는 거야?

MEMO

1 A와 B를 연결해서 보기와 같이 문장을 완성하시오.

>> 보기   かぜを<u>ひいたら</u>、よく休んだほうがいいです。

A

かぜをひきます。

① 研究室にれいぞうこがあります。

② なっとうがきらいです。

③ 日本語が上手になります。

④ お金がありません。

⑤ 安いです。

⑥ 強いおさけです。

B

よく休んだほうがいいです。

・新しいけいたい電話を買います。

・とてもべんりです。

・少し貸しましょうか。

・日本へ旅行に行くつもりです。

・食べなくてもいいです。

・たくさん飲むことができません。

2 두 개의 문장을 연결해서 보기와 같이 문장을 완성하시오.

>> 보기   6時になります・電車がこみます。→6時に<u>なったら</u>、電車がこみます。

① 9時になります・出かけましょう。

→ ________________________________

② かんこくへ帰ります・友だちに会います。

→ ________________________________

③ 会社をやめます・ハワイに住むつもりです。
　 かいしゃ　　　　　　　　　　　　　す

　　→ ____

④ 朝起きます・シャワーをあびます。
　 あさお

　　→ ____

⑤ キムさんが来ます・よんでください。
　　　　　　　 き

　　→ ____

⑥ 食事のじゅんびが終わります・教えてください。
　 しょくじ　　　　　　 お　　　　　 おし

　　→ ____

3 A와 B를 연결해서 보기와 같이 문장을 완성하시오.

>> 보기　　車を買ったら、お金がなくなりました。
　　　　　 くるま　か　　　　　お かね

A

　　車を買いました。
　　くるま　か

① アメリカへりゅうがくしました。・

② きのう家に帰りました。
　　　　いえ　かえ

③ 8月にふじ山にのぼりました。・
　 がつ　　　さん

④ この薬を飲みました。
　　　 くすり　の

⑤ 仕事をてつだいました。
　 しごと

⑥ けさテレビをつけました。

B

　——→ お金がなくなりました。
　　　　　　 かね

・チェ先生が出ていました。
　　　せんせい　で

・とても寒かったです。
　　　　さむ

・先生がじしょをくれました。
　せんせい

・とても太りました。
　　　　ふと

・病気がなおりました。
　びょうき

・へやの電気がついていました。
　　　　でんき

4 두 개의 문장을 연결해서 보기와 같이 문장을 완성하시오.

> **보기**
> 雨がふります。でも、サッカーの試合をします。
> →雨がふっても、サッカーの試合をします。

① まどを開けました。でも、すずしくなりません。

→ ____________________

② 少しこうつうが不便です。でも、けしきがいい場所に住みたいです。

→ ____________________

③ 30分待ちました。でも、田中さんは来ませんでした。

→ ____________________

④ お金がありません。でも、楽しいです。

→ ____________________

⑤ 休みです。でも、あそびに行くことができません。

→ ____________________

⑥ あした天気がよくないです。でも、おおさかへ行かなければなりません。

→ ____________________

5 보기와 같이 「～たら」나 「～ても」를 이용해서 문장을 완성하시오.

>> 보기 1 安いです・このかばんを買います

→安かったら、このかばんを買います。

>> 보기 2 お金がありません・新しい車を買います

→お金がなくても、新しい車を買います。

① しゅうまつひまです・いっしょにこうえんをさんぽしませんか

→ ____

② いくら頭がいたいです・病院へ行きません

→ ____

③ いそがしいです・かのじょに会いに行きます

→ ____

④ もしこのテストをうけません・せいせきはＦです

→ ____

⑤ けっこんします・仕事をやめないつもりです

→ ____

⑥ となりの家の人がうるさいです・注意します

→ ____

6 다음의 그림을 보고 보기와 같이 「どうしたんですか。」에 대해서 대답하시오.

>> 보기

ねむいです。 → A：どうしたんですか。　B：ねむいんです。

① B : ＿＿＿＿＿＿＿＿＿＿＿＿　② B : ＿＿＿＿＿＿＿＿＿＿＿＿

③ B : ＿＿＿＿＿＿＿＿＿＿＿＿　④ B : ＿＿＿＿＿＿＿＿＿＿＿＿

⑤ B : ＿＿＿＿＿＿＿＿＿＿＿＿　⑥ B : ＿＿＿＿＿＿＿＿＿＿＿＿

7 보기와 같이 대답하시오.

>> 보기

しゅうまつ出かけません。（来週テストがあります）
　　　　で　　　　　　　　らいしゅう
A：どうしてしゅうまつ出かけないんですか。
　　　　　　　　　　　で
B：来週テストがあるんです。
　らいしゅう

① ちこくしました。（ねぼうしました）

A :

B :

② そうじしています。（友だちがあそびに来ます）

A :

B :

③ エレベーターに乗りません。（ダイエットをしています）

A :

B :

④ 元気じゃありません。（友だちとけんかしました）

A :

B :

⑤ いつもこくばんの近くにすわります。（目が悪いです）

A :

B :

⑥ あの人とつきあっています。（やさしくて、まじめです）

A :

B :

1 ( ) 안의 말을 적당한 형태로 바꾸어서 보기와 같이 문장을 완성하시오.

> 보기
> あした天気が（いいです→　よかっ　）たら、山へもみじを
> （見ます→　見　）に（行きます→　行き　）たいです。

① ２がっきが（終わります→　　　　　）たら、旅行を（します→
　　　　　）つもりです。

② （せまいです→　　　　　）ても、（安いです→　　　　　）たら、
そのアパートを（借ります→　　　　　）つもりです。

③ さとうさんは（しゅうまつです→　　　　　）でも、図書館へ
（行きます→　　　　）たり、アルバイトを（します→　　　　　）たり
して、（いそがしいです→　　　　　）んです。

④ いくら勉強が（きらいです→　　　　　）でも、（学生です→　　　　　）
たら、（勉強します→　　　　）なければなりません。

⑤ 日曜日、朝からばんまでそうじを（します→　　　　　）たら、へやがと
ても（きれいです→　　　　）なりました。

⑥ じしょで（しらべます→　　　　）ても、（わかりません→　　　　　）
たら、（聞きます→　　　　）てもいいですか。

⑦ けいたい電話が（ありません→　　　　　）ても、パソコンでメールを
（送ります→　　　　）ことができます。

⑧ 足がとても（小さいです→　　　　　）ので、いいくつをなかなか（見つ
けます→　　　　）ことが（できません→　　　　　）んです。

⑨ A：レポートを手で（書きました→　　　　　）んですか。

B：はい、パソコンが（にがてです→　　　　　）んです。

⑩ A：どうして（けっこんしません→　　　　　　）んですか。

　　 B：かれしがまだ（学生です→　　　　　　）んです。
　　　　　　　　　　　がくせい

2　보기와 같이 문장을 완성하시오.

보기　おさけを（飲みます→飲ん）だら、車を運転してはいけません。
　　　　　　　の　　　　　　の　　　　　　くるま　うんてん

①　バスが（来ません→　　　　　　）たら、＿＿＿＿＿＿＿＿＿＿＿。
　　　　　　き

②　体のちょうしが（悪いです→　　　　　　）たら、＿＿＿＿＿＿＿。
　　からだ　　　　　　　わる

③　＿＿＿＿＿＿＿たら／だら、イギリスへ行くつもりです。
　　　　　　　　　　　　　　　　　　　　　い

④　いくら仕事が（たいへんです→　　　　　　）でも、＿＿＿＿＿。
　　　　　しごと

⑤　＿＿＿＿＿＿＿ても／でも、一人でそこまで行くことができます。
　　　　　　　　　　　　　　　ひとり　　　　　い

⑥　お金が（ないです→　　　　　　）ても、＿＿＿＿＿＿たら／だら、
　　かね
　　＿＿＿＿＿＿。

⑦　＿＿＿＿＿＿＿ても／でも、ぶっかが安い町に住みたいです。
　　　　　　　　　　　　　　　　　　　　やす　まち　す

⑧　＿＿＿＿＿＿＿たら／だら、いいせいせきをとることができる
　　と思います。
　　　おも

⑨　いくら＿＿＿＿＿＿ても／でも、＿＿＿＿＿＿＿＿＿。

⑩　＿＿＿＿＿＿＿たら／だら、＿＿＿＿＿＿＿。

＊가능하면「〜たら」「〜ても」「〜んです」등의 문형을 이용해서 이야기하시오.

1 どうして先週じゅぎょうを休んだんですか。

2 しゅうまついっしょにサッカーの試合を見に行きませんか。

(すみません。〜んです)

3 今週のしゅうまつ何をしますか。どうして〜んですか。

4 どうして日本語を勉強しているんですか。

5 かぜの時、どうしたらなおりましたか。

6 何をしたら、友だち（かれし / かのじょ）がよろこびましたか。

7 何をしたら、日本語が上手になると思いますか。

8 65さいになっても、働くつもりですか。

9 朝ごはんを食べなくても、おなかがすきませんか。

10 2月になったら、ヨイドこうえんのさくらがさきますか。

기본문형		
いろいろな		여러가지
しあい	試合	시합

기본회화1		
おっと	夫	남편
ちゅうし	中止	중지
ワールドカップ		월드컵
～たち	達	~들
びじゅつかん	(美術館)	미술관

기본회화2		
クレーム		클레임
おかしい		이상하다
おとします	(落)とします	떨어뜨립니다
ぶつけます		부딪칩니다
もうしわけありません	(申し訳)ありません	죄송합니다
レシート		영수증
もってきます	持って来ます	가지고 옵니다

문법설명		
じてんしゃ	自転車	자전거
やまのぼり	山のぼり	등산
いくら		아무리
きゅうりょう	(給料)	급료

ひつような	(必要)な	필요하다

문형연습		
ハワイ		하와이
よびます	(呼)びます	부릅니다
けしき	(景色)	경치
ばしょ	場所	장소
エフ	F	F학점
うるさい		시끄럽다
ちゅういします	注意します	주의를 줍니다
しんぱいな	心配な	걱정스럽다
ねぼうします	(寝坊)します	늦잠 잡니다
エレベーター		엘리베이터
けんか		싸움

응용연습		
もみじ	(紅葉)	단풍
せまい	(狭)い	좁다
アパート		아파트
なかなか		제법, 꽤
みつけます	見つけます	발견합니다

말해봅시다		
ヨイド		여의도

1 페어 워크

A씨는 B씨에게 보기와 같은 질문을 해 주세요. 그 질문에 B씨는 대답해 주세요. 그리고
마지막에 각자 하나씩 골라서 발표해 봅시다.

>> 보기

A：もし犬だったら、どうしますか。／何がしたいですか。

B：もし私が犬だったら、大きい家に住んで、毎日何もしない
で、ゆっくり休みたいです。

① 男(남자)／女(여자)

② 動物(동물)（犬、ねこ…）

③ 外国人(외국인)（日本人、中国人、アメリカ人、…）

④ とうめい人間(투명인간)

⑤ ＿＿＿＿？　（짝과 함께 생각해서 문장을 만드시오.）

발표해 봅시다.

もし私が～たら、～。

2 페어 워크(롤 플레이)

회화2와 같이 가게의 종업원에게 클레임을 이야기해 봅시다.

손님 : 지난 주 가게에서 디지털 카메라(가방, 과일…)를 샀습니다. 그런데 디지털 카메라(가방, 과일)가 작동하지 않습니다(흠집이 나 있습니다, 깨져 있습니다, 상했습니다…). 가게의 종업원에게 설명해서 새 것으로 교환하세요.

점원 : 손님이 디지털 카메라를 가지고 왔습니다. 그것은 부서져 있습니다(흠집이 나 있습니다, 깨져 있습니다, 상했습니다…). 우선 물건을 잘 보아 주세요. 손님의 책임일지도 모르기 때문에 질문해 주세요.
손님의 책임이 아니면 새 것으로 교환해 주세요. 하지만 영수증이 없으면 교환해 주지 마세요.

회화를 듣고 다음의 1~5의 질문에 답하시오.

1 あべさんは、大学をそつぎょうしたら、どうしたいと思っていますか。

2 チェさんは、どうしてめんせつでおちましたか。

3 フリーターは、何をしますか。

4 日本とかんこくと、どちらがしゅうしょくがむずかしいですか。

5 チェさんはしゅうしょくがだめだったら、フリーターになるつもりですか。

かわります(바뀌다)　フリーター(프리터)　ふえます(늘다)　ぜったいに(절대로)

ぜったいに(절대로)　あきらめます(포기합니다)

다음의 문장을 잘 읽고, 아래의 질문에 답하시오.

合宿のお知らせ

- 日時　　　：３月10日（金）〜11日（土）
- 集合場所　：学校
- 集合時間　：午前８時半（午前９時、バス出発）
- もくてきち：ソラク山

＊雨がふっても、ゆきがふっても中止ではありません。

＊バスは8時半に出発するので、集合時間におくれないでください。
おくれても待たないので、おくれたら、一人で来てください。

＊さいふやカメラなどの大切な物は、自分でかんりしてください。なくなっても学校のせきにんではありません。

＊食事の時、おさけを飲んでもいいですが、飲みすぎないでください。
（18さいになっていなかったら、おさけを飲んではいけません。）

＊夜おそくまで起きて、話をしていてもいいですが、大きい声でさわがないでください。

＊さいきんへんな人が多いですから、だいじょうぶだと思っても一人で遠くに行かないでください。グループで行動してください。

合宿(합숙) お知らせ(알림) 日時(일시) 集合(집합) もくてきち(목적지) 自分で(자기 스스로) かんりします(관리합니다) なくなります(없어지다) せきにん(책임) さわぎます(떠듭니다) へんな(이상한) 遠く(멀리) グループ(그룹) 行動します(행동합니다)

1　ゆきがふったら、中止ですか。

2　集合時間におくれたら、どうしなければなりませんか。

3　18さいの人はおさけを飲んでもいいですか。

4　夜おそくまで何をしていてもいいですか。

5　どうしてひとりで行動してはいけませんか。

20

この赤いＴシャツを着ている人はだれですか。

<ruby>赤<rt>あか</rt></ruby> Ｔ<rt>ティー</rt> <ruby>着<rt>き</rt></ruby> <ruby>人<rt>ひと</rt></ruby>

이 빨간 티셔츠를 입고 있는 사람은 누구입니까?

학습 목표

01 명사수식

02 ～時(～할 때, ～일 때)

03 ～前に(～전에, ～하기 전에)

04 ～後で(～후에)

05 ～間に(～동안에, ～사이에)

06 ～のに(～인데도, ～하는데도)

기·본·문·형 2-25

1. これは高校生が使う教科書です。

2. 赤いＴシャツを着ている人はシンさんです。

3. 旅行へ行った時、新しいかばんを買いました。

4. ごはんを食べる前に、手を洗いましょう。

5. しゅくだいをした後で、ゲームをしました。

6. ねている間に、ゆきがたくさんふりました。

7. 雨がふっているのに、出かけるんですか。

 けっこんのそうだん  2-26

かとう　さとうさん、今、時間だいじょうぶですか。

ちょっとそうだんしたいことがあって。

さとう　ええ、いいですよ。どうしたんですか。

かとう　じつは、今つきあっているかのじょとけっこんしたいんですが、

かのじょのりょうしんがはんたいしているんです。

さとう　かのじょ？　先週のパーティーの時、いっしょにいた女の人ですか。

かとう　はい。私よりも6さい下なんですが。

さとう　へえ。うらやましいですね。それで、どうしてごりょうしんは

はんたいしているんですか。

かとう　まだかのじょがわかいからなんです。でも、私は30さいになる

前に、けっこんしたいんです。

さとう　かとうさんの気持ちはわかりますが、ごりょうしんがはんたい

している間は、むりじゃないですか。

かとう　そうですかね。

さとう　でも、けっこんする時は、しょうたいしてくださいね。

かとう　はい、もちろん。

결혼 상담

가토	사토 씨, 오늘 시간 괜찮아요? 잠깐 상담할 일이 있어서요.	사토	헤에, 부럽군요. 그런데 왜 부모님이 반대하는 건가요?
사토	예, 좋아요. 어떤 일인가요?	가토	아직 그녀가 어려서요. 하지만 나는 서른 살이 되기 전에 결혼하고 싶어요.
가토	실은 지금 사귀고 있는 여자친구와 결혼하고 싶은데, 여자친구의 부모님이 반대하고 있어요.	사토	가토 씨의 기분은 알겠지만, 부모가 반대하고 있는 동안에는 무리가 아닐까요?
사토	여자친구라니요? 지난 주 파티 때 함께 있었던 여자 말입니까?	가토	그런가요?
		사토	그래도 결혼할 때는 초대해 주세요.
가토	예, 나보다도 여섯 살 아래인데요.	가토	예, 물론.

写真を見ながら　2-27
しゃしん　　み

パク	ねえ、これ、どこでとった写真？ しゃしん
なかい	あ、それ。ソラク山に行った時、とった写真だよ。 さん　い　　とき　　　　　　しゃしん
パク	そう。となりに女の人がいるわね。この赤いTシャツを着てる おんな　ひと　　　　　　　あか　ティー　　　　　き 人はだれよ。 ひと
なかい	ええと、いっしょにかんこく語を習ってる日本人の小林さん。 ご　なら　　　にほんじん　こばやし 友だちだよ。 とも
パク	じゃあ、このスカートをはいてる人は？ ひと
なかい	それは、小林さんがつれて来たかんこく人のイさん。 こばやし　　　　　き　　　　　じん おこってるの？
パク	もちろんよ。どうして私には言わないで、女の人とあそびに わたし　　い　　　　おんな　ひと 行ったのよ。 い
なかい	行く前に、さそったよ。1週間前に電話したのに、ことわった い　まえ　　　　　　しゅうかんまえ　でんわ じゃないか。
パク	女の人といっしょに行くんだったら、私も行ったのに。 おんな　ひと　　　　　　い　　　　　わたし　い

사진을 보면서

박	있잖아, 이거 어디에서 찍은 사진이야?	박	물론이지. 왜 나에게는 말하지 않고 여자들과 놀러 간 거야?
나카이	아, 그거, 설악산에 갔을 때 찍은 사진이야.		
박	그래? 옆에 여자가 있군. 이 빨간 티셔츠 입고 있는 사람 누구야?	나카이	가기 전에 권했었어. 일주일 전에 전화했는데 거절했었잖아.
나카이	저어, 함께 한국어를 배우고 있는 일본인 고바야시 씨. 친구야.	박	여자와 함께 가는 거였다면 나도 갔을 텐데.
박	그러면 이 스커트를 입고 있는 사람은?		
나카이	그 사람은 고바야시 씨가 데리고 온 한국인 이 씨. 화났어?		

1 동사의 명사수식

동사의 보통형 ＋ 명사

동사가 명사를 수식할 경우, 동사의 형태는 아래와 같이 보통형이 된다. 그 동사의 주어는
「は」가 아니라 「が」를 사용한다.

기본형　　　：あした<u>会う</u>友だち
ない형　　　：あまり<u>わらわない</u>友だち
た형　　　　：高校の時よく<u>けんかした</u>友だち
なかった형：きのう学校へ<u>来なかった</u>友だち

예　これは高校生が使う教科書です。
이것은 고등학생이 사용하는 교과서입니다.

赤いＴシャツを着ている人はシンさんです。
빨간 티셔츠를 입고 있는 사람은 신 씨입니다.

きのう木村さんが作ったケーキを食べました。
어제 기무라 씨가 만든 케이크를 먹었습니다.

きのう東京にいる友だちから電話がありました。
어제 도쿄에 있는 친구로부터 전화가 있었습니다.

チェさんがかいたえがかべにかかっています。
최 씨가 그린 그림이 벽에 걸려 있습니다.

きょう来ていない人にこのプリントをわたしてください。
오늘 오지 않은 사람에게 이 프린트를 건네주세요.

2 〔 A 〕 時、 〔 문장B 〕 (~때, ~)

A의 동사는 늘 보통형이며, 형에 따라서 A와 문장B의 시간관계는 다음과 같이 다르다.

문장A	기본형	+時	문장B	→ A 전에 B, 또는 A와 B가 시간적으로 중복됨
	た 형			→ A 뒤에 B가 발생함
	ない 형・ている 형			→ A와 B가 시간적으로 중복됨

예 旅行へ行く時、新しいかばんを買いました。(A 전에 B)
여행에 갈 때 새 가방을 샀습니다.

先生はじゅぎょうをする時、このラジカセを使います。(A와 B가 시간적으로 중복됨)
선생님은 수업을 할 때 이 라디오 카세트를 사용합니다.

旅行へ行った時、新しいかばんを買いました。(A 뒤에 B가 발생함)
여행에 갔을 때 새 가방을 샀습니다.

説明がわからない時、質問してください。(A와 B가 시간적으로 중복됨)
설명을 모를 때 질문해 주세요.

おふろに入っている時、友だちから電話がありました。(A와 B가 시간적으로 중복됨)
목욕탕에 들어가 있을 때 친구한테서 전화가 있었습니다.

▼ 명사, 형용사의 경우는 다음과 같은 형태로 접속한다.

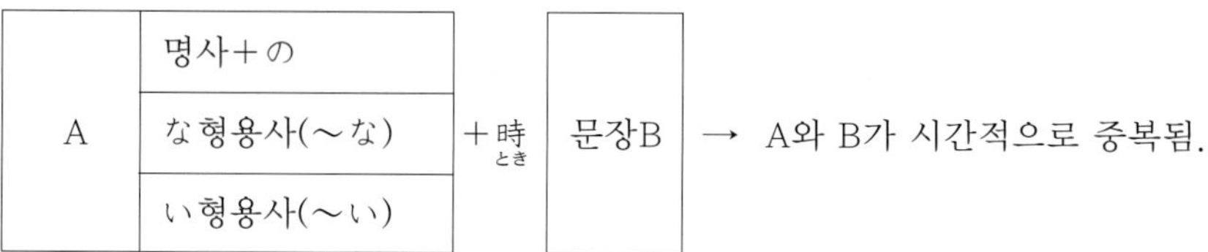

A	명사＋の	＋時 とき	문장B	→ A와 B가 시간적으로 중복됨.
	な 형용사(〜な)			
	い 형용사(〜い)			

예 子どもの時、よくこうえんであそびました。
こ　　とき
어렸을 때 자주 공원에서 놀았습니다.

ひまな時、いつでも電話してください。 한가할 때 언제든지 전화해 주세요.
とき　　　　でん わ

ねむい時、コーヒーを飲みます。 졸릴 때 커피를 마십니다.
とき　　　　　　　の

3

문장A : 동사의 기본형

A : 명사＋の

＋前に、 문장B （〜하기 전에, 〜）
まえ

A가 발생하기 전에 B가 발생하거나 B를 하는 것을 나타낸다. 명사에 접속할 경우는 「명사＋の前に」의 형태로 접속하며, 동사에 접속하는 경우는 문장 끝의 시제에 관계 없이 기본형이
まえ
된다.

예 食事の前に、手を洗います。 식사 전에 손을 씻습니다.
しょく じ　まえ　　て　あら

ごはんを食べる前に、手を洗いましょう。 밥을 먹기 전에 손을 씻읍시다.
た　　まえ　　て　あら

雨がふる前に、家へ帰りました。 비가 오기 전에 집에 돌아갔습니다.
あめ　　まえ　　いえ　かえ

4

文장A : 동사의 た형

A : 명사+の

$\Big\}$ +後で、 문장B (~한 후에, ~)

A가 끝난 후에 B가 발생하는 것을 나타낸다. 명사에 접속하는 경우는 「명사＋の後で」의 형태로 접속하며, 동사에 접속하는 경우는 문장 끝의 시제에 관계 없이 た형이 된다.

かいぎの後で、電話します。 회의 후에 전화합니다.

しゅくだいをした後で、ゲームをしました。 숙제를 한 후에 게임을 했습니다.

大学をそつぎょうした後で、りゅうがくするつもりです。
대학을 졸업한 후에 유학 갈 예정입니다.

5

문장A : 동사의 ている형

문장A : な형용사(~な)/い형용사(~い)

A : 명사+の

$\Big\}$ +間に、 문장B
(~하는 동안에,
~하는 사이에, ~)

어느 상태・동작(A)가 계속되고 있는 동안에 B가 일어나거나, B를 하는 것을 나타낸다.
「間に」앞에는 명사, 형용사, 동사가 오며, 위와 같이 접속된다. 다만, 상태를 나타내는 동사인 「ある, いる」는 기본형이나 ない형으로 접속한다.

예　るすの間に、どろぼうが入りました。 집을 비운 사이에 도둑이 들어왔습니다.

母が元気な間に、いっしょに旅行をしたいです。
어머니가 건강한 동안에 함께 여행을 가고 싶습니다.

かぶが安い間に、たくさん買ったほうがいいですよ。
주식이 싼 동안에 많이 사는 편이 좋습니다.

私がいない間に、だれか来ましたか。 내가 없는 동안에 누군가 왔습니까?

ねている間に、ゆきがたくさんふりました。 자고 있는 사이에 눈이 많이 내렸습니다.

6

| 문장A : 동사/い형용사의 보통형 |
| 문장A : 명사/な형용사의 보통형(*〜だ→〜な) |

＋のに、 문장B
(〜하는데도, 〜인데도 〜)

A로부터 당연히 예상되는 결과가 발생하지 않은 것을 B에서 서술하여 그것에 대한 놀라움이나 의외의 느낌을 나타낸다. 명사, 형용사, 동사에 접속할 수가 있으며, 다음과 같이 접속한다.

예　12月なのに、ぜんぜん寒くないです。 12월인데도 전혀 춥지 않습니다.

朝までお酒を飲むつもりだったのに、ねむくて早く家へ帰りました。
아침까지 술을 마실 생각이었는데, 졸려서 일찍 집에 돌아갔습니다.

兄は英語がとくいなのに、私はあまりとくいではありません。
오빠는 영어를 잘하는데도 나는 잘하지 못합니다.

きのう買ったメロンは高かったのに、ぜんぜんあまくないです。
어제 산 멜론은 비쌌는데도 전혀 달지 않습니다.

雨がふっているのに、出かけるんですか。 비가 오는데도 나갑니까?

▼ 또 「～たら ～のに。」의 형태로 예상한 결과와는 엇갈리는 결과가 되어 유감이라는 기분을 나타낼 수도 있다.

예 もう少し安かったら、買うことができたのに。 좀 더 싸다면 살 수가 있으련만.

10分早く家を出たら、9時の電車に間に合ったのに。
10분 일찍 집을 나섰다면 아홉 시 전차를 탈 수가 있었는데.

문형 연습

1 보기와 같이 다음 두 문장을 한 문장으로 만들어 봅시다.

> **≫ 보기**
> これは（しんじゅくで買いました）シャツです。
> →これは<u>しんじゅくで買った</u>シャツです。

① これは（日本語のじゅぎょうで勉強します）教科書です。
→ ________________________________

② ここは（有名な人がたくさんとまりました）旅館です。
→ ________________________________

③ これは（ろくおんすることができません）ラジカセです。
→ ________________________________

④ それは（今まで知りませんでした）話です。
→ ________________________________

⑤ これは（田中さんから借りました）ＤＶＤです。
→ ________________________________

⑥ パクさんは（日本の映画をよく知っています）人です。
→ ________________________________

2 보기와 같이 다음 두 문장을 한 문장으로 만들어 봅시다.

（きょうのじゅぎょうにしゅっせきしていません。）学生は４人です。
→きょうのじゅぎょうにしゅっせきしていない学生は４人です。

① （先週のじゅぎょうで習いました）ぶんぽうはとてもむずかしかったです。

→ ____

② （来週出さなければなりません）レポートが２つあります。

→ ____

③ （かとうさんは先月買いました）車でプサンへ行きました。

→ ____

④ （アメリカに行くことができます）会社をさがしています。

→ ____

⑤ （お金がありません）友だちに１万ウォン貸しました。

→ ____

⑥ （キムさんはピアノをひいています）お店に行きましょう。

→ ____

3 보기와 같이 다음 두 문장을 한 문장으로 만들어 봅시다.

>> 보기
研究室を出ます。電気をけしてください。
けんきゅうしつ　で　　　　でんき

→研究室を出る時、電気をけしてください。
　けんきゅうしつ　で　とき　でんき

① かぜをひいています。おふろに入らないでください。
　　　　　　　　　　　　　　　　　　　はい

→ ____

② 先週雨がふりました。学校の前でじこがありました。
　せんしゅうあめ　　　　　がっこう　まえ

→ ____

③ オートバイに乗ります。ヘルメットをかぶらなければなりません。
　　　　　　　　の

→ ____

④ 道にまよいました。知らない人に道を聞きました。
　みち　　　　　　　　し　　ひと　みち　き

→ ____

⑤ きのうケーキ屋の友だちに会いました。のこったケーキを一つもらいました。
　　　　　　　　や　とも　　あ　　　　　　　　　　　　ひと

→ ____

⑥ お金がありません。ラーメンばかり食べます。
　かね　　　　　　　　　　　　　た

→ ____

4 보기와 같이 다음 두 문장을 한 문장으로 만들어 봅시다.

> **>> 보기 1** 家へ帰ります←買い物をします：家へ帰る<u>前</u>に、買い物をします。
> **>> 보기 2** 電話をします→友だちの家へ行きます：電話をした<u>後</u>で、友だちの
> 家へ行きます。

① 大学をそつぎょうします　←　インドへ旅行に行きたいです。

____

② おきゃくさんが来ます　←　へやのそうじをします。

____

③ 電話を切ります　→　大切なことを思い出しました。

____

④ 試験が終わります　→　あそびます。

____

⑤ 会社へ行きます　←　ジムで運動をします。

____

⑥ 説明を聞きます　→　質問してください。

____

5 보기와 같이 다음 두 문장을 한 문장으로 만들어 봅시다.

>> 보기
トイレに行っています。かばんがなくなりました。
→トイレに行っている間に、かばんがなくなりました。

① 夏休みです。日本語の試験の勉強をするつもりです。

→ ____

② 日本にいます。日本人の友だちをたくさん作りたいです。

→ ____

③ つまが食事を作っています。私は犬のさんぽに行ってきます。

→ ____

④ 朝すずしいです。車を洗いました。

→ ____

⑤ 仕事がひまです。ごはんを食べに行きます。

→ ____

⑥ 銀行が開いています。電気料金を払いに行きます。

→ ____

>> 보기

ゆきがふっています。車で出かけます。
→ゆきがふっている<u>のに</u>、車で出かけます。

A

ゆきがふっています。

① かぎをかけました。

② まだ映画を見ていません。

③ お金があまりありません。

④ 今年の冬はあたたかいです。

⑤ 田中さんは日本人です。

⑥ 車の運転ができます。

B

—— 車で出かけます。

・ からい食べ物が大好きです。

・ 長いコートが売れています。

・ 話を知っています。

・ どろぼうが入りました。

・ いつもちかてつで会社へ行きます。

・ 新しい車を買いました。

1 보기와 같이 (　　) 안의 단어를 적절한 형태로 바꾸어서 거기에 계속되는 문장을 써 넣으시오.

> 보기
>
> 旅行に（行きます・時）
> →旅行に（行く時）、地図を買って、行きたい場所をチェックしました。

① アメリカに（りゅうがくします・時）

→ ＿＿＿＿＿＿＿＿＿＿＿＿＿＿＿＿＿＿＿＿＿＿＿＿＿＿＿＿ 。

② 試験を（うけます・前に）

→ ＿＿＿＿＿＿＿＿＿＿＿＿＿＿＿＿＿＿＿＿＿＿＿＿＿＿＿＿ 。

③ 毎朝1時間ぐらい（運動します・後で）

→ ＿＿＿＿＿＿＿＿＿＿＿＿＿＿＿＿＿＿＿＿＿＿＿＿＿＿＿＿ 。

④ かれは日本語があまり（上手じゃありません・が）

→ ＿＿＿＿＿＿＿＿＿＿＿＿＿＿＿＿＿＿＿＿＿＿＿＿＿＿＿＿ 。

⑤ 友だちと夏休みに海外旅行をする（やくそくをします・のに）

→ ＿＿＿＿＿＿＿＿＿＿＿＿＿＿＿＿＿＿＿＿＿＿＿＿＿＿＿＿ 。

⑥ この薬を（飲みます・たら）

→ ＿＿＿＿＿＿＿＿＿＿＿＿＿＿＿＿＿＿＿＿＿＿＿＿＿＿＿＿ 。

⑦ 朝（起きます・と）

→ ＿＿＿＿＿＿＿＿＿＿＿＿＿＿＿＿＿＿＿＿＿＿＿＿＿＿＿＿ 。

⑧ このごろ雨が（ふりません・て）

→ ＿＿＿＿＿＿＿＿＿＿＿＿＿＿＿＿＿＿＿＿＿＿＿＿＿＿＿＿ 。

⑨ こいびとと （けんかをします・ので）

→ ＿＿＿＿＿＿＿＿＿＿＿＿＿＿＿＿＿＿＿＿＿＿＿＿＿＿＿＿＿ 。

⑩ このたんごの意味をじしょで （しらべます・ても）
　　　　　　い み

→ ＿＿＿＿＿＿＿＿＿＿＿＿＿＿＿＿＿＿＿＿＿＿＿＿＿＿＿＿＿ 。

2 （ ）안의 단어를 적당한 형태로 바꾸어서 보기와 같이 질문에 답해 봅시다.

> 보기
>
> A：どんな人が好きですか。（食べます／よく／何でも）
> 　　　　　ひと　す　　　　　　　　　た　　　　　　なん
> B：（何でもよく食べる）人が好きです。
> 　　　なん　　　　た　　ひと　す

① A：どんな人とけっこんしたいですか。（大きいです／持ちます／を／家）
　　　　　ひと　　　　　　　　　　　　　おお　　　　　も　　　　　いえ

　 B：（　　　　　　　　　　　　　　　　）人とけっこんしたいです。
　　　　　　　　　　　　　　　　　　　　　ひと

② A：どんな会社で働きたいですか。（が／たくさん／わかい人／います）
　　　　　かいしゃ　はたら　　　　　　　　　　　　　　　　ひと

　 B：（　　　　　　　　　　　　　　　　）会社で働きたいです。
　　　　　　　　　　　　　　　　　　　　かいしゃ　はたら

③ A：今夜、どんなお店で食事をしましょうか。（を／仕事のそうだん／ゆっ
　　　こんや　　　　みせ　しょくじ　　　　　　　　　　　しごと

　　　くり／ことができます／します）

　 B：（　　　　　　　　　　　　　　　　　　　　　　　　　　　　　）

　　お店で食事をしましょう。
　　みせ　しょくじ

④ A：どんな人にいちばん会いたいですか。（りゅうがくします／つきあって
　　　いました／へ／時／フランス）

　　B：（　　　　　　　　　　　　　　　　　　　　　　　　　　　）

　　　人にいちばん会いたいです。

⑤ A：どんな人になりたいですか。（を／きちんと／やくそく／まもります／）

　　B：（　　　　　　　　　　　　　　　　　　　　）人になりたいです。

⑥ A：友だちとどんなやくそくをしましたか。（へ／に／ビール／を／行きます
　　　／シンチョン／飲みます）

　　B：（　　　　　　　　　　　　　　　　　　　　　　　　　　　）

　　　やくそくをしました。

⑦ A：フリーターはどんな人ですか。（アルバイト／せいかつ／しています／

　　B：しゅうしょくをしないで、（　　　　　　　　　　　　　　　　　　）

　　　人です。

⑧ A：どんな本で日本語を勉強していますか。（が／日本語／くれました／の／
　　　たんじょうび／先生／に）

　　B：（　　　　　　　　　　　　　　　　　　　　　　　　　　　）

　　　本で日本語を勉強しています。

⑨　Ａ：来週、どんな工場に行きますか。（車／走ります／作っています／電気
　　　　／を／で）

　　Ｂ：（　　　　　　　　　　　　　　　　　　　）おおさかの工場に行きます。

⑩　Ａ：どんなかばんがほしいですか。（買いました／を／入れます／パソコン
　　　　／先週）

　　Ｂ：（　　　　　　　　　　　　　　　　　　）かばんがほしいです。

1　大学へ来る時、いつも何で来ますか。

2　今までもらったプレゼントの中で、何がいちばんうれしかったですか。

3　デートをする前に、何をしますか。

4　学生の間に、何がしたいですか。

5　さびしい時、どうしますか。

6　そつぎょうした後で、何をするつもりですか。

7　ゆうべねる前に、何をしましたか。

8　どんな人とつきあいたいですか。

9　どんな時、しあわせだと思いますか。

10　はじめて＿＿＿＿＿＿時、どうでしたか。

기본문형		
あかい	赤い	빨갛다
ゲーム		게임

기본회화1		
そうだんします	(相談)します	상담합니다
はんたいします	(反対)します	반대합니다
うらやましい	(羨)ましい	부럽다
きもち	気持ち	기분
しょうたいします	(招待)します	초대합니다

기본회화2		
このまえ	この前	지난 번
ええと		저어(말을 이을 때)
つれてきます	(連)れてきます	데려 옵니다
ことわります	(断)わります	거절합니다

문법설명		
かべ	(壁)	벽
かかります	(掛)かります	걸립니다
プリント		프린트
わたします	(渡)します	건넵니다
いつでも		언제든지
るす	(留守)	부재중
どろぼう	(泥棒)	도둑
かぶ	(株)	주식

まにあいます	間に合います	제시간에 도착합니다

문형연습		
ろくおんします	(録音)します	녹음합니다
さがします	(捜／探します)	찾습니다
まよいます	(迷)います	망설입니다
ケーキや	ケーキ屋	케이크가게
のこります	(残)ります	남습니다
きります	切ります	(전화를) 끊습니다
おもいだします	思い出します	생각해냅니다
せつめい	説明	설명
こたえ	答え	정답
コート		코트
うれます	売れます	팔립니다

응용연습		
このごろ		요즘
たんご	(単語)	단어
いみ	意味	의미
しらべます	(調)べます	조사합니다
まもります	(守)ります	지킵니다
こうじょう	工場	공장

말해봅시다		
さびしい	(寂)しい	외롭다
しあわせな	(幸)せな	행복하다

Activity

1 페어 워크

클래스의 모두에게 해당하는 사람이 한 명 밖에 없을 것 같은 질문을 해 주세요. 질문은 보기와 같이 명사수식을 이용해서 만들어 주세요. 점수는 20점입니다. 가장 점수가 높은 사람이 이기며, 점수가 낮은 사람이 게임에서 집니다.

해당자수	점수
0人	－10
1人 ひとり	0
2人 ふたり	－2
3人 さんにん	－3
4人 よにん	－4
:	:

>> 보기

ハルラ山のいちばん上までのぼったことがある人。
テレビに出たことがある人。

252

A 씨는 B 씨에게 다음과 같은 질문을 해주세요. 그 질문에 대해서 B 씨는 「〜のに」를 사용해서 설명해 주세요. 그것을 듣고 A 씨는 「〜たら 〜と思います」를 사용해서 충고를 해주세요.

>>> 보기

どうしてさいきんよくちこくするんですか。

A：どうしてさいきんよくちこくするんですか。

B：夜早くねているのに、朝早く起きることができないんです。

A：それじゃ、めざまし時計(알람시계)をセット(세팅)したら、早く起きることができると思いますよ。

B：はい、めざまし時計をセットしてねています。
でも、ベル(벨)がなっている(울리고 있다)のに、わからないんです。

A：そうですか。10こぐらい用意(준비)したら、どうですか。
うるさくて、ぜったいに起きると思いますよ。

B：そうですね。ありがとうございます。

① どうしておこっているんですか。

② どうしてこいびとと別れた(헤어졌다)んですか。

③ どうして元気がないんですか。

④ どうしてないているんですか。

회화를 듣고 다음의 1~4의 문장이 맞으면 ○표, 다르면 ×표를 하고, 5번의 질문에 답하시오.

1　それはなきますが、動物ではありません。（　　）

2　それはイさんが起きた後でなきます。（　　）

3　それはイさんが作った物です。（　　）

4　イさんはかならずそれをかくにんした後で、ねます。（　　）

5　それは何ですか。説明してください。

　　あてます(맞춥니다)　かくにんします(확인합니다)　なきます(울다, 소리를 내다)
　　きまります(결정됩니다)　しゅうり(수리)　あたり(맞음, 정답)

다음 사토 씨의 글을 읽고, 1~3의 문장이 글 내용과 맞으면 괄호에 ○표를, 다르면 ✕표를 하고, 4번의 질문에 답하시오.

私の家では、仕事をしている母がおそく帰ってくるので、早く帰ってくる父が毎日ばんごはんを作ります。父の仕事がいそがしい時は、私がばんごはんのざいりょうを買いに行きますが、きょうは父といっしょに、家の近くにあるスーパーへ行きました。きょうはすきやきです。

買い物に行く前に、まず新聞に入っていたちらしを見ました。きょうはいつもより野菜が安かったです。そこは何でも安く売っているお店なので、おきゃくさんがとても多いです。

父が野菜をえらんでいる間に、母と私が好きなケーキを見に行きました。母が帰る前に、料理を作らなければならないので、急いで家へ帰りました。

家へ帰った後で、気がつきました。すきやきなのに、肉を買わなかったんです。今日は、野菜いためになりました。

ざいりょう(재료) すきやき(스키야키) ちらし(전단광고) 野菜(야채) えらびます(고릅니다) 気がつきます(생각이 납니다) 肉(고기) 野菜いため(야채볶음)

1 (　　) さとうさんは毎日ばんごはんのざいりょうをお父さんと買いに行きます。

2 (　　) きょう、お父さんの仕事はいそがしかったです。

3 (　　) さとうさんはスーパーで野菜を買いました。

4 どうしてきょうのばんごはんは野菜いためになりましたか。

부록

- 해답(문형연습 · 응용연습 · 들어봅시다 · 읽어봅시다)
- 스크립트(들어봅시다)
- 단어 색인

11 과

▶ 문형연습

1

① 何人－4人です。

② いくつ－いつつ（5 こ） あります。

③ 何さつ－3さつ　買いました。

④ 何本－1本　あります。

⑤ 何がい－6かいに　あります。

⑥ 何ばん－112ばんです。

2

① 先生は　たかはしさんに　じしょを　2さつ
あげました。
たかはしさんは　先生に　じしょを　2さつ
もらいました。

② チェさんは　かとうさんに　Ｔシャツを　4
まい　あげました。
かとうさんは　チェさんに　Ｔシャツを　4
まい　もらいました。

③ さとうさんは　ユさんに　プレゼントを　ひ
とつ（1こ）　あげました。
ユさんは　さとうさんに　プレゼントを　ひ
とつ（1こ）　もらいました。

④ 山田さんは　ムンさんに　時計を　ひとつ
（1こ）　あげました。
ムンは　山田さんに　時計を　ひとつ（1
こ）　もらいました。

⑤ イさんは　あべさんに　みかんを　いつつ（5
ご）　あげました。

あべさんは　イさんに　みかんを　いつつ（5
ご）　もらいました。

⑥ なかいさんは　パクさんに　ボールペンを
3本　あげました。
パクさんは　なかいさんに　ボールペンを
3本　もらいました。

3

① 私は　田中さんに　黒い　犬を　もらいまし
た。
田中さんが　（私に）黒い　犬を　くれまし
た。

② 私は　パクさんに　かばんを　ひとつ（1
こ）　もらいました。
パクさんが　（私に）かばんを　ひとつ（1
こ）　くれました。

③ 私は　なかいさんに　カメラを　ひとつ（1
こ）　もらいました。
なかいさんが　（私に）カメラを　ひとつ（1
こ）　くれました。

④ 私は　父に　お金を　もらいました。
父が　（私に）お金を　くれました。

⑤ 妹は　イさんに　服を　1枚　もらいまし
た。
イさんが　妹に　服を　1枚　くれました。

⑥ 姉は　キムさんに　高い　チョコレートを
むっつ（6こ）　もらいました。
キムさんが　姉に　高い　チョコレートを
むっつ（6こ）　くれました。

4

① 田中さんは　チェさんに　まんがを　1さつ　貸しました。
チェさんは　田中さんに　まんがを　1さつ　借りました。

② キムさんは　かとうさんに　CDを　3まい　かえしました。

③ 私は　図書館に　本を　5さつ　かえしました。

④ パクさんは　妹に　服を　貸しました。
パクさんの　妹は　パクさんに　服を　借りました。

⑤ 私は　トム先生に　英語を　習いました。

⑥ ムンさんの　お兄さんは　ムンさんに　スキーを　教えました。
ムンさんは　ムンさんの　お兄さんに　スキーを　習いました。

5

① かんこく料理は　日本料理より　からいです。
A：かんこく料理と　日本料理と　どちらが　からいですか。
B：（日本料理より）かんこく料理の　ほうが　からいです。

② 日本語は　英語より　かんたんです。
A：日本語と　英語と　どちらが　かんたんですか。
B：（英語より）日本語の　ほうが　かんたんです。

③ ソウルは　プサンより　人が　多いです。
A：ソウルと　プサンと　どちらが　人が　多いですか。
B：（プサンより）ソウルの　ほうが　人が　多いです。

④ バナナは　みかんより　あまいです。
A：バナナと　みかんと　どちらが　あまいですか。
B：（みかんより）バナナの　ほうが　あまいです。

⑤ ひこうきは　しんかんせんより　はやいです。
A：ひこうきと　しんかんせんと　どちらが　はやいですか。
B：（しんかんせんより）ひこうきの　ほうが　はやいです。

⑥ キムさんは　ジョンさんより　日本語が　上手です。
A：キムさんと　ジョンさんと　どちらが　日本語が　上手ですか。
B：（ジョンさんより）キムさんの　ほうが　日本語が　上手です。

6

① A：映画の　中で　何が　いちばん　おもしろいですか。
B：アクションが　いちばん　おもしろいです。

② A：日本料理の　中で　何が　いちばん　おいしいですか。
B：てんぷらが　いちばん　おいしいです。

③ A：1年の　中で　いつが　いちばん　寒いですか。
B：1月が　いちばん　寒いです。

④ A：クラスの　中で　だれが　いちばん　まじめですか。

B：チェさんが　いちばん　まじめです。

⑤ A：かんこくの　中で　どこが　いちばん
きれいですか。

B：キョンジュが　いちばん　きれいです。

⑥ A：家族の　中で　だれが　いちばん　歌が
上手ですか。

B：父が　いちばん　歌が　上手です。

▶응용연습

1

① 田中さんは　ジョンさんに　本を　9さつ
あげました。

ジョンさんは　田中さんに　本を　9さつ
もらいました。

② 田中さんが　弟に　おかしを　ここのつ（9
こ）くれました。

弟は　田中さんに　おかしを　ここのつ（9
こ）もらいました。

③ ジョンさんは　あべさんに　時計を　ひとつ
（1こ）あげました。

あべさんは　ジョンさんに　時計を　もらい
ました。

④ あべさんは　なかいさんに　ぼうしを　ふた
つ（2こ）もらいました。

なかいさんは　あべさんに　ぼうしを　ふた
つ（2こ）あげました。

⑤ パクさんは　キムさんに　映画の　チケット
を　5まい　もらいました。

キムさんは　パクさんに　映画の　チケット
を　5まい　あげました。

⑥ キムさんは　チェさんに　かさを　2本　あ
げました。

チェさんは　キムさんに　かさを　2本　も
らいました。

⑦ チェさんは　かとうさんに　バラの　花を
6本　もらいました。

かとうさんは　チェさんに　バラの　花を
6本　あげました。

⑧ かとうさんは　私に　バナナを　8本　くれ
ました。

私は　かとうさんに　バナナを　8本　もら
いました。

⑨ 私は　パクさんに　ハンカチを　7まい　あ
げました。

⑩ 私は　あべさんに　かばんを　みっつ（3
こ）あげました。

2

① 私は　コーヒー（こうちゃ）より　こうちゃ
（コーヒー）の　ほうが　好きです。

② この（アンさんの）パソコンは　アンさんの
（この）パソコンより　新しいです。

③ ちかてつ（バス）と　バス（ちかてつ）と
どちらが　べんりですか。

④ スポーツの　中で　テニスが　いちばん　楽
しいです。

⑤ イさんは　なかいさんに　1ヶ月に　2回　か
んこく料理を　教えます。

⑥ 私は　田中さんに　車の　ざっしを　ぜんぶ
で　3さつ　借りました。

⑦ 1週間に　1回　あべさん（パクさん）は　パク
さん（あべさん）に　ピアノを　習います。

⑧ 先週の　金曜日　私は　チェさんに　かさを
2本　貸しました。

⑨ キムさんが　私に　りんごを　いつつと　バ
ナナを　10本　くれました。

⑩ 私は　デパートの　8かいの　レストランで
ピザを　3まい　食べました。

▶ 들어봅시다

1. あべさんの　たんじょうび
2. 3万2千円
3. 1まい，3まい
4. りょうしん，もらいました。

▶ 읽어봅시다

① ○
② ×
③ ×
④ ×

12 과

▶ 문형연습

1

① この　写真を　見て　ください。
② 3時に　銀行へ　行って　ください。
③ じしょを　貸して　ください。
④ 先生の　話を　よく　聞いて　ください。
⑤ ごはんを　たくさん　食べて　ください。
⑥ 来週の　水曜日に　本を　かえして　くださ
い。

2

① 9時ですから、早く　起きて　ください。
② トイレへ　行きますから、ちょっと　待って
ください。
③ じゅぎょうを　始めますから、みなさん、い
すに　すわって　ください。
④ 私は　日本語が　よくわかりませんから、も
う少し　ゆっくり　話して　ください。
⑤ この　コンピュータの　使い方が　わかりま
せんから、教えて　ください。
⑥ 「て형」は　大切ですから、よく　おぼえて
ください。

3

① 顔を　洗って、ごはんを　食べて、それから
会社へ　行きます。
② テレビを　見て、勉強を　して、それから
ねます。
③ びよういんへ　行って、かみを　切って、そ
れから　こいびとに　会います。
④ おんせんに　入って、すしを　食べて、それ
から　カラオケで　歌を　歌います。
⑤ 図書館へ　行って、本を　借りて、それから
家へ　帰ります。
⑥ コチュジャンを　入れて、よく　かきまぜ
て、それから　食べます。

4

① ごはんを　食べてから、薬を　飲みます。
② サッカーを　してから、おさけを　飲みま
す。

③ 大学を　そつぎょうしてから、けっこんします。

④ お金を　入れてから、ボタンを　おします。

⑤ 電話してから、先生の　研究室へ　行きます。

⑥ メールを　送ってから、ねます。

5

① までに

② まで

③ までに

④ まで

⑤ まで

⑥ までに

▶응용연습

1

① 聞き，読んで

② して

③ 終わって，かえし

④ およいで，乗りました

⑤ 来ました／来ます，急ぎ

⑥ 食べ，教えて

⑦ のぼって

⑧ とって，見せました

⑨ あります，使って

⑩ 飲み，さんぽし

2

① しか

② は，に，に

③ も，が，は／だけ，だけ，が

④ を／は，×，しか

⑤ が，の，が

⑥ と，も／×，も／×，×

⑦ ×，に，から，に，を

⑧ ×，の，を

⑨ の，に，が，しか，が，の，に，も

⑩ が，×，から，×，で

▶들어봅시다

1. コンビニの　むかいの　アパートの　2かいです。

2. ×，×，○

3. 2000円　あげました。

▶읽어봅시다

① ×

② ○

③ ○

④ ×

⑤ ×

13 과

▶문형연습

1

① やめる／やめない

② 会う／会わない

③ 運転する／運転しない

④ あそぶ／あそばない

⑤ 借りる／借りない

⑥ かえす／かえさない

2

① えを　かく　ことです。
② ギターを　ひく　ことです。
③ 料理を　する　こと(料理)です。
④ 写真を　とる　ことです。
⑤ 山に　のぼる　ことです。
⑥ 本を　読む　こと(読書)です。

3

① A：スキーを　すること（スキー）が　でき
　　ますか。
　B：いいえ、できません。
② A：ピアノを　ひくことが　できますか。
　B：はい、できます。
③ A：500メートル　およぐ　ことが　できま
　　すか。
　B：いいえ、できません。
④ A：カタカナを　読む　ことが　できますか。
　B：はい、できます。
⑤ A：朝、早く　起きる　ことが　できますか。
　B：いいえ、できません。
⑥ A：英語を　話す　ことが　できますか。
　B：はい、できます。

4

① 夏休みに　車の　運転を　習う　つもりです。
② 私は　けっこんしない　つもりです。
③ アメリカへ　友だちに　会いに　行く　つも
　りです。

④ 大学を　そつぎょうしてから　日本へ　りゅ
　うがくする　つもりです。
⑤ 大学を　そつぎょうしてから、会社で　働く
　つもりです。
⑥ ねつが　ありますから、きょうは　おふろに
　入らない　つもりです。

5

① かぜを　ひきましたから、薬を　飲まなけれ
　ば　なりません。
② へやが　きたないですから、そうじしなけれ
　ば　なりません。
③ 父が　おこりますから、早く　家へ　帰らな
　ければ　なりません。
④ 朝　9時から　じゅぎょうが　ありますか
　ら、早く起きなければ　なりません。
⑤ オートバイに　乗りますから、ヘルメットを
　かぶらなければ　なりません。
⑥ めんせつが　ありますから、スーツを　着な
　ければ　なりません。

6

① A：土曜日の　朝、早く　起きなければ　な
　　りませんか。
　B：いいえ、早く　起きなくても　いいです。
② A：日曜日も　大学へ　来なければ　なりま
　　せんか。
　B：いいえ、来なくても　いいです。
③ A：へやの　かぎを　かけなければ　なりま
　　せんか。
　B：いいえ、かけなくても　いいです。

④ A : 私も　かいぎに　出なければ　なりませ
　　　ん か。
　　B : いいえ、出なくても　いいです。
⑤ A : りんごを　買わなければ　なりませんか。
　　B : いいえ、買わなくても　いいです。
⑥ A : 田中さんに　電話しなければ　なりませ
　　　ん か。
　　B : いいえ、しなくても　いいです。

7

① 歌い, おどる
② 飲み, 行く
③ りゅうがくし, うける
④ じゅんびし, てつだって
⑤ 勉強し, しゅうしょくしない
⑥ 急が, 休んで

1

しょうかいします

話す, そつぎょうして, 働く

勉強する, いる, そつぎょうして, 働く, 会って, 食
べる, 食べ, 飲み, 食べる

あそび, とまりました, 乗って, のぼりました

行き, 行き, 起き, 書か, 行く, ねます, 書いて

2

① すてきな, 小さかったです
② かっこよくて, 高い, 親切に
③ ひまでした, おもしろくなくて, よくなかっ
　　たです

④ まじめに, 有名な
⑤ きれいに
⑥ 新しい, 安く
⑦ 早く, おそく
⑧ とくいで, かんたんに
⑨ むずかしくて, たいへんです
⑩ しずかな, 楽しく

1. はい、できますが、あまり　とくいじゃあり
　　ません。
2. いいえ、スキーを　教えます。
3. 4人で　スキー場へ　行きます。
4. 来月の　8日
4. つまの　たんじょうびで、スキーに　行く
　　ことが　できないから。

① ×
② ×
③ ×
④ ×
⑤ ○
⑥ ×

14 과

1

① 日本の　ぶっかは　安く　なりました。

② 田中さんは　25さいに　なりました。
③ チェさんは　病気に　なりました。
④ ソウルの　ちかてつは　べんりに　なりました。
⑤ 町は　にぎやかに　なりました。
⑥ 昼ごろ、天気が　よく　なりました。

2

① おさけを　飲むと、顔が　赤く　なります。
② レポートを　ていしゅつしないと、せいせきが　悪くなります。
③ 夏に　なると、たくさんの　人が　ヘウンデへ　行きます。
④ この　道を　まっすぐ　行くと、駅が　あります。
⑤ 朝ごはんを　食べないと、体に　よくないです。
⑥ なかいさんが　来ないと、パーティーを　始めることが　できません。

3

① ひき
② よごれ
③ はき
④ おぼえ
⑤ 持ち
⑥ こしょうし

4

① ねすぎました。
② コピーしすぎました。
③ すしを　作りすぎました。
④ 買いすぎました。
⑤ コチュジャンを　入れすぎました。
⑥ 大きすぎました。

5

① A：もう　レポートを　出しましたか。
　 B：はい、もう　出しました。
② A：お姉さんは　もう　大学を　そつぎょうしましたか。
　 B：いいえ、まだです。
③ A：もう　写真を　とりましたか。
　 B：はい、もう　とりました。
④ A：もう　この　漢字を　習いましたか。
　 B：はい、もう　習いました。
⑤ A：もう　病院へ　行きましたか。
　 B：いいえ、まだです。
⑥ A：もう　薬を　飲みましたか。
　 B：はい、もう　飲みました。

▶응용연습

1

① そうじを　しないと、へやが　きたなく　なります。
② 勉強しないと、せいせきが　悪く　なります。
③ 歩きすぎると、足が　いたく　なります。
④ おみやげを　買いすぎると、にもつが　重く　なります。
⑤ いそがしすぎると、いろいろな　事を　わすれやすく　なります。
⑥ ゆきが　ふると、歩きにくく　なります。

⑦ おさけを　飲みすぎると、気分が　悪く　なります。

⑧ 飲み会が　はじまると、にぎやかに　なります。

⑨ この薬を　飲むと、体が　つかれにくく　なります。

⑩ 車を　買うと、べんりに　なります。

2

① はじめて，する

② とても，よく

③ だんだん，寒く

④ まず，書か

⑤ ぜひ，行き

⑥ もう少し，見せて

⑦ おす，すぐに

⑧ かならず，ぬいで

⑨ まだ，待た

⑩ もう，5時に

▶들어봅시다

1. 10本　買いました。

2. 20年前に　けっこんしました。

3. 食べやすいです。／あまり　あまくないですから。

4. いいえ、地図に　かきました。／説明しにくいですから。

▶읽어봅시다

① ×

② ○

③ ×

④ ○

⑤ ○

15 과

▶문형연습

1

① A : 田中さんは　今　何を　していますか。
　 B : 写真を　とっています。

② A : パクさんは　今　何を　していますか。
　 B : ビールを　飲んでいます。

③ A : かとうさんは　今　何を　していますか。
　 B : たばこを　すっています。

④ A : 木村さんは　今　何を　していますか。
　 B : はを　みがいています。

⑤ A : おおつかさんは　今　何を　していますか。
　 B : ラーメンを　作っています。

⑥ A : 山本さんは　今　何を　していますか。
　 B : 電話を　かけています。

2

① まどを　開けて　そうじを　します。

② ソファに　すわって　テレビを　見ます。

③ かさを　持って　出かけます。

④ 雨が　ふって　山に　のぼる　ことが　できません。

⑤ 試験に　ごうかくして　うれしかったです。

⑥ かぜを　ひいて　学校を　休みます。

3

① 日曜日は　どこへも　行かないで、家で　仕事を　する　つもりです。

② こんばんは　うちへ　帰らないで、友だちの　家に　とまります。

③ ゆうべは　ねないで、朝まで　テストの　勉強を　しました。

④ あしたは　土曜日ですが、休まないで、会社で　働きます。

⑤ 冬休みは　あそばないで、アルバイトと　勉強を　する　つもりです。

⑥ なるべく　電話を　かけないで、メールで　れんらくしてください。

4

① 友だちが　来なくて

② 宿題が　わからなくて

③ ゆきが　ふらなくて

④ お金が　なくて

⑤ オンドルが　つかなくて

⑥ トイレの　水が　ながれなくて

5

① かぜは　なおりましたから、この　薬は　飲まないで　ください。

② 夜　おそいですから、ピアノを　ひかないで　ください。

③ あぶないですから、ここで　あそばないで　ください。

④ ここは　店の前ですから、車を　止めないで　ください。

⑤ この　話は　ひみつですから、友だちに　言わないで　ください。

⑥ すぐ　出発しますから、やくそくの　時間に　おくれないで　ください。

▶응용연습

1

① ないで

② ないで

③ できなくて

④ ないで

⑤ なくて

⑥ しなくて

⑦ 来なくて

⑧ して

⑨ できて

⑩ して

2 (해답의 예)

① (ねないで)、テストの　じゅんびを　しました。

② (じゅぎょうを　休まないで)、よく　勉強しました。

③ (けさ、私は　早く　起きる　ことが　できなくて)、ちこくしました。

④ (母の　病気が　なおらなくて)、しんぱいです。

⑤ (子どもが　かぜを　ひいて)、きのうは　会社を　休みました。

⑥ (きょうは　タクシーに　乗って)、大学へ　来ました。

⑦ ここは　きんえんですから、（たばこを　すわないで　ください）。

⑧ 今　かいぎを　して　いますから、（へやに　入らないで　ください）。

⑨ じゅぎょうの　時、（食べ物を　食べないで　ください）。

⑩ 食べながら（話さないで　ください）。

▶들어봅시다

1. びじゅつ館

2. きつえんルームと　レストランで　すう　ことが　できます

3. いいえ、ありません

4. 3がいの　トイレを　使います

▶읽어봅시다

1. ○

2. ×

3. ×

4. ×

5. ○

16 과

▶문형연습

1

① 電気がきえています。

② ドアがしまっています。

③ くつがよごれています。

④ 車が3台止まっています。

⑤ バスがすいています。

⑥ シャツがやぶれています。

2

① パクさんはスカートをはいています。

② なかいさんはネクタイをしています。

③ 田中さんはぼうしをかぶっています。

④ 兄はめがねをかけています。

⑤ かとうさんはスーツを着ています。

⑥ 母は時計をしています。

3

① 田中さんは大学で日本語を教えています。

② 田中さんはまいばんジムで運動しています。

③ 田中さんはお母さんににています。

④ かとうさんは太っています。

⑤ かとうさんは新聞社につとめています。

⑥ かとうさんはかんこく語を習っています。

4

① A：「ない형」の作り方をおぼえていますか。

　 B：いいえ、おぼえていません。

② A：ムンさんの住所を知っていますか。

　 B：いいえ、知りません。

③ A：子どものころ、ピアノを習っていましたか。

　 B：はい、習っていました。

④ A：お兄さんはどちらにつとめていますか。

　 B：しんじゅく銀行につとめています。

⑤ A：どこのパソコンを使っていますか。

　 B：サムスンのパソコンを使っています。

⑥ A：高校の時、何で学校に通っていましたか。
　　B：バスで通っていました。

5

① せきが空いていますから、あそこにすわりま
しょう。
② おきゃくさんがならんでいますから、たぶん
あの食堂はおいしいです。
③ さいふがおちていますから、けいさつにとど
けます。
④ パソコンがこしょうしていて、メールを送る
ことができません。
⑤ おきゃくさんがきていて、おそくなりまし
た。すみません。
⑥ ドアがしまっていて、へやに入ることができ
ませんでした。

6

① はい、もう来ています。
② いいえ、まだ終わっていません。
③ いいえ、まだ出していません。
④ いいえ、まだはらっていません。
⑤ はい、もうさいています。
⑥ いいえ、まだ行っていません。

▶응용연습

1

① さっきは電気がきえていましたが、今はつい
ています。
② さっきはドアがしまっていましたが、今は開
いています。

③ さっきはテレビがついていましたが、今はき
えています。
④ さっきはカンさんがぼうしをかぶっていまし
たが、今はかぶっていません。
⑤ さっきは山田さんがスーツを着ていました
が、今は着ていません。
⑥ さっきはカンさんが立っていましたが、今は
すわっています。
⑦ さっきはカンさんがスカートをはいていまし
たが、今はズボンをはいています。
⑧ さっきはソファがよごれていましたが、今は
よごれていません。
⑨ さっきはかぎがおちていましたが、今は山田
さんが持っています。
⑩ さっきは犬がソファの上でねていましたが、
今はねことあそんでいます。

2

① 話し／運転している（運転する）／なります／
注意し
② おそく／起き／食べない／行きました／来て
いました
③ 食べ／いたく／なっ／休んでいました（休み
ました）
④ 安く／売っていました／持っていなく／買う
／できませんでした
⑤ 書いていませんでした／勉強していました
（勉強しました）
⑥ 見／行きました／してい／買いました
⑦ していました／乗る／できなく／歩い／帰り
ました

⑧ 持っていない／行く／作って

⑨ かえし／行か／ひい／ねていました／かえし
／行っていません／行く

⑩ 着／している／いたく／なっ／着ない／働き

▶ 들어봅시다

1. ×

2. ×

3. ○

4. ×

5. 先生に会いに行きます。

▶ 읽어봅시다

1. 3ヶ月通っています。

2. 金曜日に書きました。

3. バーゲンセールが始まって、入り口に人がた
くさんならんでいたからです。

4. 地下1かいで売っています。

5. いいえ、買うことができませんでした。

17 과

▶ 문형연습

1

① A：まどを開けてもいいですか。
　 B：はい、開けてもいいです。

② A：ここにすわってもいいですか。
　 B：いいえ、すわってはいけません。

③ A：へやに入ってもいいですか。
　 B：はい、入ってもいいです。

④ A：たばこをすってもいいですか。
　 B：いいえ、たばこをすってはいけません。

⑤ A：かいぎを始めてもいいですか。
　 B：はい、始めてもいいです。

⑥ A：パソコンを使ってもいいですか。
　 B：いいえ、パソコンを使ってはいけません。

2

① 着物を着たことがあります。

② しんかんせんに乗ったことがあります。

③ 日本の旅館にとまったことがあります。

④ ハンガンでおよいだことがあります。

⑤ おんせんに入ったことがあります。

⑥ ラブレターをもらったことがあります。

3

① 今日は午後から雨がふりますから、かさを
持っていったほうがいいです。

② この時間は道がこんでいますから、ちかてつ
で行ったほうがいいです。

③ 今日はおきゃくさんが来ますから、へやをそ
うじしたほうがいいです。

④ ねつがありますから、おふろに入らないほう
がいいです。

⑤ このぶんぽうはきっとテストに出ますから、
わすれないほうがいいです。

⑥ ゆきがふっていますから、出かけないほうが
いいです。

4

① 日曜日、買い物をしたり、映画を見たりし

ます。

② じゅぎょうの時、教科書を読んだり、テープ
　を聞いたりします。

③ きのう、サッカーをしたり、おさけを飲んだ
　りしました。

④ 先週のしゅうまつ、車を洗ったり、こうえん
　をさんぽしたりしました。

⑤ ひっこしの時、家具をはこんだり、トラック
　を運転したりします。

⑥ 夏休み、海でおよいだり、山にのぼったりし
　ます。

▶응용연습

1

① 飲み, 入った

② よごれ, 洗った

③ わすれ, こまった

④ ぬいだ

⑤ 歌った, ひいた

⑥ むりし

⑦ うけた

⑧ 動いて, かえた

⑨ もらった

⑩ 見, ないた, わらった

2

① しゅうまつのパーティーはいろいろな人が来
　ますから、かのじょをつれて行ってもいいで
　す。

② じゅぎょうは10分ぐらいおくれて始まります
　から、急がなくてもいいです。

③ 工事をしていますから、ここをわたってはい
　けません。

④ 味が悪くなりますから、ケーキをれいぞうこ
　に入れたほうがいいですよ。

⑤ 赤ちゃんがねていますから、テレビをけした
　ほうがいいです。

⑥ 母は病気で何もすることができませんから、
　私が食事を作ったり、おさらを洗ったりしま
　す。

⑦ 来月、新しいパソコンを買うつもりですか
　ら、あまりお金を使わないほうがいいです。

⑧ 日本のタクシーは自動ドアですから、おきゃ
　くさんがドアをしめなくてもいいです。

⑨ あしたのかいぎはほんとうに大切ですから、
　ちこくしてはだめです。

⑩ 学校にはちゅうしゃじょうがありませんか
　ら、車で行ってはいけません。

▶들어봅시다

1. あべさんです。

2. お茶わんを持って食べたりおわんに口をつけ
　てスープを飲んだりしてはいけません。

3. ごはんをぜんぶ食べたほうがいいです。

4. 目上の人が食事を始めてからです。

▶읽어봅시다

1. 水を切ってすてます。

2. もえないごみの日

3. 朝7時から8時半までごみすて場にいて、ご
　みのすて方をしどうしなければなりません。

4. ごみのせいりはしなくてもいいです。

18 과

▶ 문형연습

1

① A : あのたてもの(は)しやくしょ？

B : ううん、ちがう。あれ(は)病院だよ / 病院よ。

② A : ムンさん、今いそがしい？

B : ううん、いそがしくない。ひま。

③ A : ソウルの冬と東京の冬とどっちが寒い？

B : ソウルの冬のほうが寒い。

④ A : 日本語の勉強(は)たいへん？

B : うん、たいへん。でも、日本へりゅうがくしたいからがんばるつもり。

⑤ A : けっこんして(い)る？

B : ううん、まだけっこんして(い)ない。

⑥ A : 昼ごはん(を)食べすぎた。

B : 体によくないから、食べすぎないでね。

2

① A : ギター(を)ひいてもいい？

B : ううん、ひいちゃいけない。

② A : ふじ山(に)のぼったこと(が)ある？

B : ううん、ない。

③ A : いっしょにきっさてんで試験勉強(を)しない？

B : ごめん。すぐに家へ帰らなきゃいけない。

④ A : 夏休み、私の家(へ)あそびに来ない？

B : うん、行きたい。

⑤ A : きのう何(を)した？

B : 音楽(を)聞いたり、本(を)読んだりした。

⑥ A : 私(は)冬になると、かぜ(を)ひきやすくなる。

B : じゃあ、うがい(を)したほうがいいよ。

3

① 800万人ぐらいだと思います。

② しんかんせんのほうがべんりだと思います。

③ だんだんよくなると思います。

④ アメリカにりゅうがくしたと思います。

⑤ いいえ、来なかったと思います。

⑥ むずかしいですが、楽しいと思います。

4

① あした、日本から友だちがあそびに来るので、くうこうへむかえに行きます。

② キムさんは日本へりゅうがくしていたので、日本語がとても上手です。

③ 仕事がいそがしいので、パーティーには行かないつもりです。

④ 学生の時、勉強がきらいだったので、よくじゅぎょうを休みました。

⑤ あしたは休みなので、よくねるつもりです。

⑥ きのうは日曜日だったので、店はしまっていました。

5

① A : どうして教室が寒くなりましたか。

B : ヒーターがきえたので、教室が寒くなりました。

② A : どうしてわかりませんか。

B : よしゅう・ふくしゅうをしなかったので、わかりません。

③ A：どうして 車を洗ったり、びょういんに
　　　行ったりしますか。
　　B：あしたデートなので、 車を洗ったり、び
　　　ょういんに行ったりします。
④ A：どうして旅行へ行きませんか。
　　B：体のちょうしがよくないので、旅行へ行
　　　きません。
⑤ A：どうしてバスに乗りませんか。
　　B：時間がかかって不便なので、バスに乗り
　　　ません。
⑥ A：どうしてりょうに住んでいますか。
　　B：学校に近くてやちんが安いので、りょう
　　　に住んでいます。

6

① いいえ、たぶんおもしろくないと思います。
② はい、きっと来ると思います。
③ はい、まだ待っていると思います。
④ いいえ、もう使っていないと思います。
⑤ いいえ、まだ飲むと思います。
⑥ いいえ、もう大学生じゃないと思います。

▶응용연습

1

① もう, まだ
② まだ, もう
③ もう
④ もう, まだ
⑤ もう
⑥ まだ
⑦ もう
⑧ まだ, まだ
⑨ まだ, もう
⑩ もう, まだ

2

男　テストのてんすう、よかった？

女　ううん、あまりよくなかった。テストの
　　前の日に、かぜで学校、休んだから。田中
　　さんはどうだった？

男　ぼく、よかったよ。たくさん勉強したか
　　ら。ほら、80てんもとったよ。

女　あら、私より悪い(わ)ね。

男　え、きむらさん、何てんだった？

女　私、90てんだった。

男　あのう、90てんはいいてんだと思うけど。

女　でも、100てんをとりたかったから…。

▶들어봅시다

1. いいえ、いませんでした。
2. 図書館で 映画のビデオを見ました。
3. あべさんとあべさんのかれのたんじょうびプ
　　レゼントを買いに行きました。
4. いいえ、しません。
5. スニーカーがいいと思いました。

▶읽어봅시다

1. ○
2. ✕
3. ○
4. ✕

19 과

▶ 문형연습

1

① 研究室にれいぞうこがあったら、とてもべんりです。

② なっとうがきらいだったら、食べなくてもいいです。

③ 日本語が上手になったら、日本へ旅行に行くつもりです。

④ お金がなかったら、少し貸しましょうか。

⑤ 安かったら、新しいけいたい電話を買います。

⑥ 強いおさけだったら、たくさん飲むことができません。

2

① 9時になったら、出かけましょう。

② かんこくへ帰ったら、友だちに会います。

③ 会社をやめたら、ハワイに住むつもりです。

④ 朝起きたら、シャワーをあびます。

⑤ キムさんが来たら、よんでください。

⑥ 食事のじゅんびが終わったら、教えてください。

3

① アメリカへりゅうがくしたら、とても太りました。

② きのう家に帰ったら、へやの電気がついていました。

③ 8月にふじ山にのぼったら、とても寒かったです。

④ この薬を飲んだら、病気がなおりました。

⑤ 仕事をてつだったら、先生がじしょをくれました。

⑥ けさテレビをつけたら、チェ先生が出ていました。

4

① まどを開けても、すずしくなりません。

② 少しこうつうが不便でも、けしきがいい場所に住みたいです。

③ 30分待っても、田中さんは来ませんでした。

④ お金がなくても、楽しいです。

⑤ 休みでも、あそびに行くことができません。

⑥ あした天気がよくなくても、おおさかへ行かなければなりません。

5

① しゅうまつひまだったら、いっしょにこうえんをいっしょにさんぽしませんか。

② いくら頭がいたくても、病院へ行きません。

③ いそがしくても、かのじょに会いに行きます。

④ もしこのテストをうけなかったら、せいせきはFです。

⑤ けっこんしても、仕事をやめないつもりです。

⑥ となりの家の人がうるさかったら、注意します。

6

① おなかがすいたんです。

② さいふ（お金）がないんです。

③ 頭がいたいんです。

④ あしたから冬休みなんです。

⑤ かのじょが来なかったんです。

⑥ せいせきがしんぱいなんです。

7

① A : どうしてちこくしたんですか。

　B : ねぼうしたんです。

② A : どうしてそうじしているんですか。

　B : 友だちがあそびに来るんです。

③ A : どうしてエレベーターに乗らないんです
　　か。

　B : ダイエットをしているんです。

④ A : どうして元気じゃないんですか。

　B : 友だちとけんかしたんです。

⑤ A : どうしていつもこくばんの近くにすわる
　　んですか。

　B : 目が悪いんです。

⑥ A : どうしてあの人とつきあっているんです
　　か。

　B : やさしくて、まじめなんです。

▶응용연습

1

① 終わっ／する

② せまく／安かっ／借りる

③ しゅうまつ／行っ／し／いそがしい

④ きらい／学生だっ／勉強し

⑤ し／きれいに

⑥ しらべ／わからなかっ／聞い

⑦ なく／送る

⑧ 小さい／見つける／できない

⑨ 書いた／にがてな

⑩ けっこんしない／学生な

2 (해답의 예)

① バスが(来なかっ)たら、タクシーで行きます。

② 体のちょうしが(悪かっ)たら、休んでもいいです。

③ 夏休みになったら、イギリスへ行くつもりです。

④ いくら仕事が(たいへん)でも、やめないでがんばるつもりです。

⑤ 車がなくても、一人でそこまで行くことができます。

⑥ お金が(なく)ても、元気だったら、いいです。

⑦ へやがせまくても、ぶっかが安い町に住みたいです。

⑧ がんばって勉強したら、いいせいせきをとることができると思います。

⑨ いくらねむくても、8時までに学校にいかなければなりません。

⑩ きのうばんごはんをたくさん食べたら、おなかがいたくなりました。

▶들어봅시다

1. いい会社があったら、かんこくでしゅうしょくしたいと思っています。

2. 英語がにがてですから。

3. しゅうしょくしないで、アルバイトでせいかつします。

4. あまりかわらないです。

5. いいえ、なるつもりではありません。

▶ 읽어봅시다

1. いいえ、中止ではありません。

2. 一人で行かなければなりません。

3. はい、いいです。

4. 夜話をしていてもいいです。

5. さいきんへんな人が多いですから。

20 과

▶ 문형연습

1

① これは日本語のじゅぎょうで勉強する教科書です。

② ここは有名な人がたくさんとまった旅館です。

③ これはろくおんすることができないラジカセです。

④ これは今まで知らなかった話です。

⑤ これは田中さんから借りたDVDです。

⑥ パクさんは日本の映画をよく知っている人です。

2

① 先週のじゅぎょうで習ったぶんぽうはとてもむずかしかったです。

② 来週出さなければならないレポートが2つあ

ります。

③ かとうさんが先月買った車でプサンへ行きました。

④ アメリカに行くことができる会社をさがしています。

⑤ お金がない友だちに1万ウォン貸しました。

⑥ キムさんがピアノをひいているお店に行きましょう。

3

① かぜをひいている時、おふろに入らないでください。

② 先週雨がふった時、学校の前でじこがありました。

③ オートバイに乗る時、ヘルメットをかぶらなければなりません。

④ 道にまよった時、知らない人に道を聞きました。

⑤ きのうケーキ屋の友だちに会った時、のこったケーキを一つもらいました。

⑥ お金がない時、ラーメンばかり食べます。

4

① 大学をそつぎょうする前に、インドへ旅行に行きたいです。

② おきゃくさんが来る前に、へやのそうじをします。

③ 電話を切った後で、大切なことを思い出しました。

④ 試験が終わった後で、あそびます。

⑤ 会社へ行く前に、ジムで運動をします。

⑥ 説明を聞いた後で、質問してください。

5

① 夏休みの間に、日本語の試験の勉強をするつもりです。
② 日本にいる間に、日本人の友だちをたくさん作りたいです。
③ つまが食事を作っている間に、私は犬のさんぽに行ってきます。
④ 朝すずしい間に、車を洗いました。
⑤ 仕事がひまな間に、ごはんを食べに行きます。
⑥ 銀行が開いている間に、電気料金を払いに行きます。

6

① かぎをかけたのに、どろぼうが入りました。
② まだ映画を見ていないのに、話を知っています。
③ お金があまりないのに、新しい車を買いました。
④ 今年の冬はあたたかいのに、長いコートが売れています。
⑤ 田中さんは日本人なのに、からい食べ物が大好きです。
⑥ 車の運転ができるのに、いつもちかてつで会社へ行きます。

▶응용연습

1 (해답의 예)
① アメリカに（留学していた時）よくピザを食べました。
② 試験を（うける前に）トイレに行きます。
③ 毎朝1時間ぐらい（運動した後で）学校に行きます。
④ かれは日本語があまり（上手じゃありませんが）日本人の友だちと日本語で話します。
⑤ 友だちと夏休みに海外旅行をする（やくそくをしたのに）病気で行くことができなくなりました。
⑥ この薬を（飲んだら）すぐになおります。
⑦ 朝（起きると）まず水を飲みます。
⑧ このごろ雨が（ふらなくて）水不足になりました。
⑨ こいびとと（けんかをしたので）電話をするつもりです。
⑩ このたんごの意味をじしょで（しらべても）よくわかりませんでした。

2
① （大きい家を持っている）人とけっこんしたいです。
② （わかい人がたくさんいる）会社で働きたいです。
③ （ゆっくり仕事のそうだんをすることができる）お店で食事をしましょう。
④ （フランスへりゅうがくした時つき合っていた）人にいちばん会いたいです。
⑤ （やくそくをきちんとまもる）人になりたいです。
⑥ （シンチョンへビールを飲みに行く）やくそくをしました。

⑦ しゅうしょくをしないで、(アルバイトでせいかつをしている)人です。

⑧ (たんじょうびに日本語の先生がくれた)本で日本語を勉強しています。

⑨ (電気で走る車を作っている)おおさかの工場に行きます。

⑩ (先週買ったパソコンを入れる)かばんがほしいです。

▶들어봅시다

1. ○

2. ×

3. ×

4. ○

5. イさんが起きる前に「コケコッコー」となくとけい

▶읽어봅시다

1. ×

2. ×

3. ○

4. 肉を買わなかったので、すきやきを作ることができなかったからです。

11 과

たかはし	あべさん、冬休みは どうでしたか。
あべ	とても よかったですよ。私の たんじょうびが 1月2日ですから、たんじょうびパーティーを しました。前の日が お正月でしたから、プレゼントも お年玉も たくさん もらいましたよ。
たかはし	わあ、いいですね。お年玉は いくらでしたか。
あべ	ちょうど 4万円でした。たかはしさんは？
たかはし	私は あべさんより 8000円 少なかったです。プレゼントは 何を もらいましたか。
あべ	友だちに セーターを 1まいと かばんを ふたつと ＤＶＤを 3まいと ボールペンを 3本 もらいました。それから りょうしんが 英語のじしょを 1さつ くれました。
たかはし	それは よかったですね。何の ＤＶＤですか。
あべ	かんこくの ドラマの ＤＶＤです。
たかはし	いいですね。私も 見たいです。
あべ	じゃ、貸しますよ。
たかはし	ありがとうございます。来週 かえします。

- -

다카하시	아베 씨, 겨울방학은 어떠했습니까?
아베	매우 좋았어요. 내 생일이 1월 2일이기 때문에 생일 파티를 했습니다. 전날이 설날이었기 때문에 선물도 세뱃돈도 많이 받았어요.
다카하시	와아, 좋군요. 세뱃돈은 얼마였어요?
아베	정확히 4만 엔이었습니다. 다카하시 씨는요?
다카하시	나는 아베 씨보다 8천 엔 적었습니다. 선물은 무엇을 받았어요?
아베	친구한테서 스웨터 한 장과 가방 두 개와 DVD를 세 장과 볼펜 세 자루를 받았습니다. 그리고 부모님이 영어사전 한 권을 주었습니다.
다카하시	그것 잘 됐군요. 무슨 DVD에요?
아베	한국의 드라마 DVD입니다.
다카하시	좋군요. 나도 보고 싶어요.
아베	그러면 빌려줄게요.
다카하시	감사합니다. 다음 주에 돌려줄게요.

12 과

(タクシーで)

女の人	つぎの こうさてんを 右に まがって まっすぐ 行ってください。
運転手	(右に まがる) ここを まっすぐですね。
女の人	ええ、それから ふたつ目の こうさてんを 左に まがってから、100メートルぐらい 行ってください。
運転手	はい、左に まがりましたよ。
女の人	ええっと、そこの はしを わたって

右に まがってください。道の 左が
わに コンビニが ありますね。その
むかいが 私の 家です。

運転手　あの マンションですか。

女の人　いいえ、その となりの アパートの
2かいです。

運転手　ああ、ここですね。はい、着きましたよ。

女の人　ありがとうございます。おいくらですか。

運転手　1500円です。

女の人　じゃ、これで おねがいします。

運転手　はい、じゃ 500円の おつりです。

女の人　あ、500円 ありました。

運転手　じゃあ、これ 1000円 かえします。

女の人　ありがとうございました。

- - - - - - - - - - - - - - - - - - - -

(택시에서)

여자　다음의 교차로를 오른쪽으로 꺽어서 똑
바로 가 주세요.

운전기사　(오른쪽으로 꺽는다) 여기를 똑바로 가
는 거죠?

여자　예, 그리고 나서 두 번째 교차로를 오른
쪽으로 꺽어서 100 미터 정도 가 주세요.

운전기사　예, 왼쪽으로 꺽었습니다.

여자　음-, 저기의 다리를 건너서 오른쪽으로
꺽어 주세요.
길 왼쪽에 편의점이 있어요. 그 맞은편
이 우리 집입니다.

운전기사　저 맨션입니까?

여자　아니오, 그 옆의 아파트 2 층입니다.

운전기사　아아, 여기군요. 자아, 도착했습니다.

여자　감사합니다. 얼마입니까?

운전기사　1500 엔입니다.

여자　그러면 이것으로 계산해 주세요.

운전기사　예, 자아, 500 엔의 거스름돈입니다.

여자　아, 500 엔 있었습니다.

운전기사　그럼 이거 1000 엔 거슬러 주겠습니다.

여자　감사합니다.

13 과

たかはし(女)　今度の しゅうまつは どこへ
行きますか。

チェ(男)　友だち 3人と スキー場へ 行
くつもりです。さとうさんは？

さとう(女)　私も 今度 家族で スキーに
行きますよ。

たかはし(女)　いいですねえ。スキーを する
ことが できますか。

チェ(男)　はい。でも、あまり とくいじゃ
ありません。ですから、私は ス
ノーボードを する つもりです。

たかはし(女)　さとうさんは どうですか。

さとう(女)　私は スキーが とくいです。で
も、今回は 子どもに スキーを
教えなければ なりませんから、
あまり スキーを する ことが
できません。

たかはし(女)　そうですか。私は スキーが で
きませんから、今度 教えてくだ
さい。

チェ(男)　私も さとうさんに スキーを
習いたいです。

さとう(女)　じゃ、また　来月の　8日に　友だちと　行くよていですから、いっしょに　行きましょう。

たかはし(女)　はい、よろしく　おねがいします。チェさんは？

チェ(男)　来月の　8日は　つまの　たんじょうびですから、行きたいですが、行く　ことが　できません。ざんねんです。

- -

다카하시　이번 주말은 어디에 갑니까?

최　친구 세 명과 스키장에 갈 예정입니다. 사토 씨는요?

사토　나도 이번에 가족과 함께 스키 타러 갑니다.

다카하시　좋겠군요. 스키를 탈 수 있어요?

최　예. 하지만, 그다지 능숙하지는 못합니다. 그렇기 때문에 나는 스노우보드를 탈 예정입니다.

다카하시　가토 씨는 어떻습니까?

사토　나는 스키를 잘 탑니다. 하지만 이번은 어린애에게 스키를 가르쳐 주어야 하기 때문에 그다지 스키를 탈 수가 없어요.

다카하시　그래요? 나는 스키를 못 타기 때문에 이번에 가르쳐 주세요.

최　나도 사토 씨에게 스키를 배우고 싶어요.

사토　그러면, 또 다음 달 8일에 친구와 갈 예정이기 때문에 함께 갑시다.

다카하시　예, 잘 부탁합니다. 최 씨는요?

최　다음 달 8일은 아내의 생일이기 때

문에 가고 싶지만, 갈 수가 없어요. 유감이네요.

14 과

男の人　すみません。その　赤い　花を　20本　ください。

花屋　ああ、バラですね。

男の人　あっ、赤いの　20本は　多すぎますから、バラを　10本と　その　ピンクの　花を　10本ください。

花屋　プレゼントですか。

男の人　ええ、けっこんきねんびの　プレゼントです。つまは　花が　好きですから。

花屋　けっこんして　何年に　なりますか。

男の人　もう　20年に　なります。

花屋　いいですね。ほかに　何か　あげますか。

男の人　はい、ケーキを　買うつもりです。

花屋　あら、ケーキの　おいしい　お店が　この　近くに　ありますよ。あますぎないですから、食べやすいですよ。

男の人　そうですか。では　その　お店へ　買いに　行きます。ここから、どうやって　行きますか。

花屋　そうですねえ。ちょっと　説明しにくいですから、地図を　かきますね。

男の人　ありがとうございます。

- -

남　자　　미안합니다. 그 빨간 꽃을 20송이 주세요.

꽃가게　　아아, 장미이군요.

남　자　　아아, 빨간 것 20송이는 너무 많으니까 장미 10송이와 그 분홍색 꽃을 10송이 주세요.

꽃가게　　선물이에요?

남　자　　예에, 결혼기념일 선물이에요. 아내는 꽃을 좋아해서요.

꽃가게　　결혼한 지 몇 년이 됩니까?

남　자　　벌써 20년이 됩니다.

꽃가게　　좋군요. 그 외에 무엇을 드릴까요?

남　자　　예. 케이크를 살 생각입니다.

꽃가게　　케이크가 맛있는 가게가 이 근처에 있어요. 너무 달지 않으니까 먹기 쉬워요.

남　자　　그래요? 그러면 그 가게에 사러 가겠습니다. 여기에서 어떻게 갑니까?

꽃가게　　글쎄요. 좀 설명하기 어려우니까 지도를 그리겠습니다.

남　자　　감사합니다.

15 과

田中（たなか）　　うわあ、この　え、きれいですね！！ゆうこさん、この　前（まえ）で　いっしょに　写真（しゃしん）を　とりませんか。
はい、チーズ！！

警備員（けいびいん）　　あっ、すみません！！館内（かんない）では　写真（しゃしん）を　とらないで　ください。

田中　　あっ、すみません。すてきな　えが　たくさん　あって、とりたく　なりました。

警備員　　館内（かんない）では　写真（しゃしん）を　とる　ことが　できません。

田中　　わかりました。あのう、たばこを　すいたいですけど、どこで　すう　ことが　できますか。

警備員　　きつえんルームが　3がいに　ありますから、そちらで　すってください。きつえんルームの　前（まえ）の　レストランでも　すう　ことが　できます。

田中　　はい。それから、トイレは　どこですか。わからなくて。

警備員　　トイレは　レストランの　となりに　あります。

田中　　この　かいには　ありませんか。

警備員　　ありますが、今（いま）　しゅうりしていますから、使（つか）う　ことが　できません。

田中　　そうですか。じゃあ、2かいは　どうですか。

警備員　　すみません。2かいに　トイレは　ありませんから、レストランの　となりの　トイレを　使（つか）ってください。

田中　　はい、そうします。

- -

다나카　　우와아, 이 그림 예쁘군요!! 유우코 씨, 이 앞에서 함께 사진을 찍지 않겠어요? 자, 치즈!!

경비원　　아, 미안합니다. 관내에서는 사진을 찍지 말아 주세요.

다나카　　아, 죄송합니다. 멋진 그림이 많이 있어서 찍고 싶어졌습니다.

경비원　　관내에서는 사진을 찍을 수가 없습니다.

다나카	알겠습니다. 저어, 담배를 피우고 싶은데, 어디에서 피울 수가 있습니까?
경비원	흡연실이 3층에 있으니, 그쪽에서 피워 주세요. 흡연실 앞의 레스토랑에서도 피울 수가 있습니다.
다나카	예. 그리고 화장실은 어디입니까? 몰라서요.
경비원	화장실은 레스토랑 옆에 있습니다.
다나카	이 층에는 없습니까?
경비원	있습니다만, 지금 수리하고 있기 때문에 사용할 수가 없습니다.
다나카	그렇습니까? 그럼 2층은 어떻습니까?
경비원	미안합니다. 2층에 화장실이 없기 때문에 레스토랑 옆의 화장실을 사용해 주세요.
다나카	예, 그렇게 할게요.

16 과

ムン	田中さん、もうお昼ごはんを食べましたか。
田中	いいえ、まだです。
ムン	じゃあ、いっしょに食べに行きませんか。
田中	すみません。今、メールを書いています。 もう少し時間がかかりますから、先に食べに行ってください。
ムン	そうですか。たかはしさんは、もう来ましたか。
田中	ええ。来ていますが、となりのへやで先生と話していますよ。
ムン	そうですか。
	じゃあ、待っていますから、みんなでいっしょに食べに行きませんか。私、かさを持っていませんから…。
田中	え。雨、まだやんでいませんか。
ムン	ええ。ほら、みんな、かさをさして、歩いていますよ。
田中	わかりました。ちょっと待っていてください。メール、急いで書きますから。
たかはし	あら、ムンさん。こんにちは。
ムン	あ、たかはしさん。こんにちは。先生とのお話し、終わりましたか。
たかはし	ええ、私は終わりました。
ムン	じゃあ、いっしょにお昼ごはんを食べに行きませんか。
たかはし	ええ、行きましょう。あ、田中さん、先生がよんでいますよ。
田中	あ、先生とのやくそくをわすれていました。ムンさん、すみません。
ムン	そうですか。じゃあ、たかはしさんと先に行っていますよ。
田中	ええ。そうしてください。

- -

문	다나카 씨, 벌써 점심밥을 먹었습니까?
다나카	아니오, 아직인데요.
문	그러면 함께 먹으러 가지 않겠습니까?
다나카	미안합니다. 지금 메일을 보내고 있습니다. 조금 더 시간이 걸리니까 먼저 먹으러 가세요.

문　　　그래요? 다카하시 씨는 벌써 왔습니까?

다나카　예. 와 있는데, 옆방에서 선생님과 이야
　　　기를 하고 있어요.

문　　　그래요?

　　　그러면 기다리고 있을 테니까 모두 함
　　　께 먹으러 가지 않겠어요?

　　　나는 우산을 가지고 있지 않아서요….

다나카　예? 비 아직 안 그쳤어요?

문　　　예. 봐요. 모두 우산을 쓰고 걷고 있어
　　　요.

다나카　알겠습니다. 좀 더 기다려 주세요. 메일
　　　을 서둘러서 쓰고 있으니까요.

다카하시　어머, 문 씨. 안녕하세요?

문　　　아, 다카하시 씨, 안녕하세요? 선생님
　　　과 말씀 끝났어요?

다카하시　예, 나는 끝났습니다.

문　　　그러면 함께 점심밥을 먹으러 가지 않
　　　겠습니까?

다카하시　예, 갑시다. 아 다나카 씨, 선생님이 부
　　　르고 있어요.

다나카　아, 선생님과의 약속을 잊고 있었습니
　　　다. 미안합니다.

문　　　그래요? 그러면 다카하시 씨와 먼저 가
　　　있을게요.

다나카　그렇게 해 주세요.

17 과

パク　あべさん、来週、何をしますか。

あべ　ムンさんの家へあそびに行くつもりで
　　す。

パク　かんこく人の家にあそびに行ったことが
　　ありますか。

あべ　いいえ、はじめてです。何か持って行っ
　　たほうがいいですよね。

パク　そうですね。おかしやジュースはどうで
　　すか。

あべ　わかりました。それから、食事のマナー
　　で何に気をつけなければなりませんか。

パク　まず、お茶わんを持って食べたり、おわ
　　んに口をつけてスープを飲んだりしては
　　いけません。

あべ　へえ、日本とちがいますね。

パク　それから、ごはんはスプーンを使って食
　　べてください。

あべ　え、そうですか。知りませんでした。

パク　日本ではごはんをぜんぶ食べたほうがい
　　いですが、かんこくではむりしてぜんぶ
　　食べなくてもいいですよ。

あべ　よかったです。かんこくの食事はりょう
　　が多いですから。

パク　それと、目上の人が食事を始めてから、
　　食べたほうがいいですよ。

あべ　はい。勉強になりました。ありがとう。
　　パクさん。

박　　아베 씨, 다음 주에 무엇을 합니까?

아베　문 씨의 집에 놀러 갈 예정입니다.

박　　한국인의 집에 놀러간 적이 있습니까?

아베　아니오, 처음입니다. 무언가 가지고 가는
　　　편이 좋겠죠?

박　　글쎄요…. 과자나 주스는 어떨까요?

아베　알겠습니다. 그리고 식사 매너에서 무엇에 주의를 해야 합니까?

박　우선, 밥그릇을 들고 먹거나 그릇에 입을 대고 국을 마시거나 해서는 안 됩니다.

아베　헤에? 일본과 다르군요.

박　그리고 밥은 숟가락을 사용해서 먹으세요.

아베　에? 그래요? 몰랐습니다.

박　일본에서는 밥을 전부 먹는 쪽이 좋지만, 한국에서는 무리해서 전부 먹지 않아도 됩니다.

아베　잘 됐군요. 한국의 식사는 양이 많으니까요.

박　그리고 손윗사람이 식사를 시작하고 나서 먹는 쪽이 좋아요.

아베　예, 공부가 되었습니다. 감사합니다. 박 씨.

18 과

キム(男)　たかはしさんもパクさんも、きのう電話したけど家にいなかったね。

たかはし(女)　うん、きのう図書館へ行ってたから。

キム(男)　勉強？まじめだね。

たかはし(女)　ううん、図書館で映画のビデオを見てた。

キム(男)　へえ、そう。パクさんは？

パク(女)　きっさてんであべさんに会ってた。

たかはし(女)　このごろあべさんに会ってないけど、元気だった？

パク(女)　うん。もうすぐあべさんのかれのたんじょうびでね。

たかはし(女)　へえ。

パク(女)　いっしょにプレゼントを買いに行ったけど、ぜんぜんいいのがなくてね。

キム(男)　そっか。ぼくはかのじょにスニーカーをもらったけど、とてもうれしかったよ。

パク(女)　スニーカーか。あべさんのかれは運動しないからな。

キム(男)　ぼくも運動しないけど、毎日はいてるよ。ほら、これ、見て。

たかはし(女)　あら、それいいわね。私もスニーカーがいいと思うわ。

パク(女)　そうね。あべさん、もう買ったかな。あべさんに電話しなくちゃ。

- - - - - - - - - - - - - - - - - - - -

김　다카하시 씨도, 박 씨도 어제 전화했는데, 집에 없었어.

다카하시　응, 어제 도서관에 가 있었기 때문에.

김　공부? 성실하군.

다카하시　으응, 도서관에서 영화 비디오를 보았어.

김　헤에? 그래? 박 씨는?

박　커피숍에서 아베 씨와 만나고 있었어.

다카하시　요즘 아베 씨와 만나지 않았었는데, 건강해?

박　응. 이제 곧 아베 씨의 남자친구의 생일이라서.

다카하시　헤에?

박　함께 선물을 사러 갔는데, 전혀 좋은 물건이 없어서 말야.

김 그래? 나는 여자 친구에게 스니커를 받았는데, 정말 기뻤어.

박 스니커라고? 아베 씨의 남자친구는 운동을 하지 않으니까.

김 나도 운동을 하지 않지만, 매일 신고 있지. 자아, 이거 봐.

다카하시 어머 그거 좋군. 나도 스니커가 좋다고 생각해.

박 그렇군. 아베 씨 이미 샀을까? 아베 씨에게 전화해야겠군.

19 과

チェ あべさん、大学そつぎょうしたらどうするの？日本へ帰るの？

あべ ううん。いい会社があったら、かんこくでしゅうしょくしたいんだけど、むずかしいね。

チェ そうね。かんこくでのしゅうしょくはむずかしいよね。私もめんせつに行ったけど、ぜんぶおちたの。

あべ え！チェさんでもおちたの？どうして？

チェ 英語がにがてだから。英語は10年勉強しても、ぜんぜん上手にならないの。

あべ そうなんだ。英語が上手じゃないと、しゅうしょくはたいへんなんだ。

チェ うん。日本はどう？

あべ かんこくとあまりかわらないね。日本に帰っても、しゅうしょくはむずかしいと思うわ。だから日本では今、フリーターがふえてるの。

チェ ああ、かんこくにもたくさんいるよ。じつは、兄もフリーターで、しゅうしょくしないで、アルバイトでせいかつしてるわ。

あべ 私もしゅうしょくがむりだったら、フリーターかな。

チェ え！私はいくらたいへんでも、ぜったいにしゅうしょくしたいわ。あべさんもあきらめないで。

あべ そうね。がんばるわ。

- -

최 아베 씨, 대학을 졸업하면 어떻게 할 거야? 일본에 돌아갈 거야?

아베 으응. 좋은 회사가 있다면 한국에서 취직하고 싶은데 어려워.

최 그렇군. 한국에서 취직하는 것은 어려워. 나도 면접에 갔지만, 전부 떨어졌는 걸.

아베 에에? 최 씨도 떨어진 거야? 어째서?

최 영어가 서툴러서. 영어는 10년 공부해도 전혀 능숙해지지 않는 걸.

아베 그렇구나. 영어가 능숙하지 않으면 취직은 힘들구나.

최 응, 일본은 어때?

아베 한국과 그다지 다르지 않아. 일본에 돌아가도 취직은 어렵다고 생각해. 그래서 일본은 지금 프리터가 늘어나고 있는 거야.

최 아아, 한국에도 많이 있어. 실은 오빠도 프리터이고, 취직을 하지 않고 아르바이트로 생활하고 있어.

아베 나도 취직이 무리라면 프리터인가?

최 에? 나는 아무리 힘들어도 반드시 취직하고 싶어. 아베 씨도 단념하지 마.

아베　그래. 최선을 다할게.

20 과

イ　かとうさん、今から説明する物が何か あててください。

かとう　はい。いいですよ。

イ　私はそれを3つ持っています。大きい のが1つ、小さいのが2つあります。

かとう　イさん、むずかしいですね。それは、動くものですか。

イ　はい、動きます。いつも動いていま す。私がねている間も動いています。私はねる前に、それをかならずかくにんしてからねます。そして、私が持っている物のひとつは、毎朝、私が起きる前に、なくので、うるさくて起きます。

かとう　なくんですか。それは犬ですか。

イ　いいえ、動物ではありません。人が作った物です。

かとう　人が作った物なのに、なくんですか。もう少し説明してください。

イ　はい、それがきまった時間になかなかったり、動かなくなった時は、それを売っているお店に持って行って、しゅうりをしなければなりません。

パク　とけいかな。でも、とけいはなかないけど。

イ　あたりです！　かとうさん、よくわか りましたね。

パク　とけいなのに、なくんですか。

イ　はい、よくきいてください。なきます よ。[コケコッコー!]

이　가토 씨, 지금부터 설명하는 것이 무엇인지 알아맞추세요.

가토　예, 좋아요.

이　나는 그것을 세 개 가지고 있습니다. 큰 것이 하나, 작은 것이 두 개 있습니다.

가토　이 씨, 어렵군요. 그것은 움직이는 물건입니까?

이　예, 움직입니다. 항상 움직이고 있습니다. 내가 자고 있는 동안에도 움직이고 있습니다. 나는 자기 전에 반드시 그것을 확인하고 나서 잡니다. 그리고 내가 가지고 있는 것의 하나는 매일 아침 내가 일어나기 전에 울기 때문에 시끄러워서 일어납니다.

가토　우는 것인가요? 그것은 개입니까?

이　아니오, 동물은 아닙니다. 사람이 만든 것입니다.

가토　사람이 만든 것인데도 웁니까? 조금 더 설명해 주세요.

이　예, 그것이 정해진 시간에 울지 않거나, 움직이지 않았을 때에는 그것을 팔고 있는 가게에 가지고 가서 수리를 해야 합니다.

가토　시계인가? 하지만 시계는 울지 않는데.

이　맞아요! 가토 씨, 잘 맞추었군요.

가토　시계인데도, 우는 건가요?

이　예, 잘 들어주세요. 웁니다. [꼬끼오!]

일본어	한국어	페이지
確認します	확인합니다	20
学歴社会	학력사회	18
～ヶ月	～개월	11
かけます	(열쇠를)채웁니다	13
かけます	(안경을)씁니다	16
かけます	(전화를)겁니다	18
貸します	빌려줍니다	11
風邪	감기	13
合宿	합숙	19
角	모퉁이	12
必ず	꼭, 반드시	13
株	주식	20
かぶります	(모자를)씁니다	13
壁	벽	20
我慢します	참습니다	17
紙	종이	13
通います	다닙니다	16
辛い	맵다	11
からし	겨자	12
借ります	빌립니다	11
軽い	가볍다	14
～側	～쪽	12
～間	～동안	11
カン	캔	17
漢字	한자	12
完全な	완벽하다	17
館内	관내	15
頑張ります	열심히 합니다	15
管理します	관리합니다	19
消えます	꺼집니다	16
気がつきます	생각이 납니다	20
汚い	더럽다	13
きちんと	반드시, 제대로	17
きっと	꼭, 반드시	17
記念日	기념일	14
気分	기분	14
着ます	입습니다	13
決まります	정합니다	20
気持ち	기분	20
着物	기모노	17
休学します	휴학합니다	15
給料	급료	19
切ります	자릅니다	12
切ります	(전화를)끊습니다	20
禁煙	금연	15
臭い	고약한 냄새가 나다	12
薬	약	12
口をつけます	입을 댑니다	17
暗い	어둡다	14
～ぐらい	～정도	11
クラス	클래스	11
グループ	그룹	19
クレーム	클레임	19
くれます	(나에게)줍니다	11
軍隊	군대	13
景気	경기	18
警察	경찰	11
ケーキ屋	케이크 가게	20
ゲーム	게임	20
景色	경치	19
消します	끕니다	17
結婚します	결혼합니다	11, 12
けんか	싸움	19
～個	～개	11
合格します	합격합니다	13

일본어	한국어	과
死にます	죽습니다	12
芝生	잔디	15
自分で	자기 스스로	15, 19
閉まります	닫힙니다	16
閉めます	닫습니다	15
シャツ	셔츠	16
シャワー	샤워	12
シャワー	샤워	12
〜週間	〜주간	11
住所	주소	12
就職します	취직합니다	13
十八番	십팔번	13
修理	수리	20
趣味	취미	13
種類	종류	11
順番に	순번대로	17
準備します	준비합니다	13
正月	설날	17
招待します	초대합니다	20
しょうゆ	간장	12
ジョギング	조깅	16
職員	직원	15
食事	식사	17
食品	식품	16
女性	여성	14
調べます	조사합니다	19
知ります	압니다	15
資料	자료	13
白い	하얗다	11
新幹線	신칸센	11
信号	신호	12
人口	인구	18
新婚	신혼	11
心配します	걱정합니다	15
心配な	걱정스러운	19
スイッチ	스위치	14
吸います	(담배를)피웁니다	13
数学	수학	13
スーツ	양복	13
スーパー	슈퍼	20
スープ	스프	17
スカート	치마	16
スキー	스키	11
スキー場	스키장	13
すきます	(배가)고픕니다	12
すきます	(길이)빕니다	16
過ぎます	지나갑니다	16
すきやき	스키야키	20
すぐ	금세	15
すぐに	곧바로	12,14
少し	조금	12
涼しい	시원하다	18
ずっと	계속, 쭉	15
捨てます	버립니다	15
スニーカー	스니커	18
スノーボード	스노보드	13
滑ります	미끄러집니다	14
住みます	삽니다	14
座ります	앉습니다	12
生活	생활	11,14
生活します	생활합니다	19
成績	성적	13,14
整理します	정리합니다	17,20
セーター	스웨터	11
席	자리	16
責任	책임	19

な

<table>
<tr><td>ボート</td><td>보트</td><td>12</td></tr>
<tr><td>他に
ほか</td><td>그 밖에</td><td>14</td></tr>
<tr><td>僕
ぼく</td><td>나(남성 1 인칭)</td><td>16</td></tr>
<tr><td>ボタン</td><td>버튼</td><td>12</td></tr>
<tr><td>程
ほど</td><td>만큼</td><td>11</td></tr>
<tr><td>ほら</td><td>이봐</td><td>16,18</td></tr>
<tr><td>ホラー</td><td>공포</td><td>15</td></tr>
<tr><td>～本
ほん</td><td>～병, ～자루</td><td>11</td></tr>
<tr><td>本当
ほんとう</td><td>정말</td><td>11</td></tr>
</table>

ま

<table>
<tr><td>～枚
まい</td><td>～장</td><td>11</td></tr>
<tr><td>～前
まえ</td><td>～전에</td><td>11, 14, 18</td></tr>
<tr><td>前の日
まえ ひ</td><td>전 날</td><td>11, 18</td></tr>
<tr><td>任せます
まか</td><td>맡깁니다</td><td>16</td></tr>
<tr><td>曲がります
ま</td><td>돕니다</td><td>12</td></tr>
<tr><td>真面目な
ま じ め</td><td>성실하다</td><td>11</td></tr>
<tr><td>まず</td><td>먼저</td><td>12</td></tr>
<tr><td>まずい</td><td>맛없다</td><td>18</td></tr>
<tr><td>マスター</td><td>마스터</td><td>15</td></tr>
<tr><td>まだ</td><td>아직</td><td>14</td></tr>
<tr><td>まだまだ</td><td>아직 서툼</td><td>13</td></tr>
<tr><td>街づくり
まち</td><td>마을 만들기</td><td>17</td></tr>
<tr><td>まっすぐ</td><td>똑바로</td><td>12, 14</td></tr>
<tr><td>～までに</td><td>～까지</td><td>12</td></tr>
<tr><td>窓
まど</td><td>창문</td><td>14</td></tr>
<tr><td>マナー</td><td>매너</td><td>17</td></tr>
<tr><td>間に合います
ま あ</td><td>시간에 댑니다</td><td>20</td></tr>
<tr><td>守ります
まも</td><td>지킵니다</td><td>17, 20</td></tr>
<tr><td>迷います
まよ</td><td>헤맵니다</td><td>20</td></tr>
<tr><td>マンション</td><td>맨션</td><td>11, 12, 14</td></tr>
</table>

<table>
<tr><td>磨きます
みが</td><td>닦습니다</td><td>12</td></tr>
<tr><td>みかん</td><td>귤</td><td>11</td></tr>
<tr><td>水着
みずぎ</td><td>수영복</td><td>18</td></tr>
<tr><td>水を切ります
みず き</td><td>물기를 없앱니다</td><td>17</td></tr>
<tr><td>見せます
み</td><td>보여줍니다</td><td>12</td></tr>
<tr><td>道
みち</td><td>길</td><td>12, 14</td></tr>
<tr><td>見つけます
み</td><td>발견합니다</td><td>19</td></tr>
<tr><td>3つ
みっ</td><td>셋</td><td>11</td></tr>
<tr><td>ミルク</td><td>밀크, 우유</td><td>15</td></tr>
<tr><td>みんなで</td><td>모두</td><td>19</td></tr>
<tr><td>向かい
む</td><td>맞은편</td><td>12</td></tr>
<tr><td>迎えます
むか</td><td>마중합니다</td><td>16, 18</td></tr>
<tr><td>向きます
む</td><td>향합니다</td><td>12</td></tr>
<tr><td>娘
むすめ</td><td>딸</td><td>13</td></tr>
<tr><td>6つ
むっ</td><td>여섯</td><td>11</td></tr>
<tr><td>無理します
む り</td><td>무리를 합니다</td><td>17</td></tr>
<tr><td>～目
め</td><td>～번째</td><td>12</td></tr>
<tr><td>目上
め うえ</td><td>손윗사람</td><td>17</td></tr>
<tr><td>メートル</td><td>미터</td><td>12, 13</td></tr>
<tr><td>メール</td><td>메일</td><td>14</td></tr>
<tr><td>メールアドレス</td><td>메일주소</td><td>16</td></tr>
<tr><td>眼鏡
め がね</td><td>안경</td><td>16</td></tr>
<tr><td>目覚まし時計
め ざ どけい</td><td>알람시계</td><td>20</td></tr>
<tr><td>～も</td><td>～이나</td><td>12</td></tr>
<tr><td>もう</td><td>벌써, 이미</td><td>12, 14</td></tr>
<tr><td>申し訳ありません
もう わけ</td><td>죄송합니다</td><td>19</td></tr>
<tr><td>もう少し
すこ</td><td>조금 더</td><td>12</td></tr>
<tr><td>燃えないごみ
も</td><td>태울 수 없는 쓰레기</td><td>17</td></tr>
<tr><td>燃えます
も</td><td>불탑니다</td><td>16</td></tr>
<tr><td>燃えるごみ
も</td><td>태울 수 있는 쓰레기</td><td>17</td></tr>
<tr><td>目的地
もくてきち</td><td>목적지</td><td>19</td></tr>
<tr><td>もし</td><td>만약</td><td>19</td></tr>
<tr><td>持ちます
も</td><td>가집니다</td><td>14</td></tr>
</table>

곤니찌와 日本語 Step - 2

초판발행	2007년 3월 5일
1판 6쇄	2018년 10월 5일
저자	고토 노부유키(後藤信之) · 나카타 요시코(中田善子) · 데라이 히로미(寺井妃呂美) · 히로세 가에(広瀬香恵) · 이정숙
펴낸이	엄태상
책임 편집	조은형, 신명숙, 진현진, 무라야마 토시오
제작	조성근, 전태준
마케팅	이승욱, 오원택, 전한나, 왕성석
온라인 마케팅	김마선, 유근혜, 김제이
경영지원	마정인, 김영희, 김예원
펴낸곳	(주)시사일본어사
주소	서울시 종로구 자하문로 300 시사빌딩
주문 및 교재 문의	1588-1582
팩스	(02)3671-0500
홈페이지	www.sisabooks.com
이메일	sisa_book@naver.com
등록일자	1977년 12월 24일
등록번호	제300 - 1977 - 31호

ISBN 978-89-402-0665-2 18730
　　　978-89-402-0663-8 18730 [set]

＊ 이 교재의 내용을 사전 허가 없이 전재하거나 복제할 경우 법적인 제재를 받게 됨을 알려드립니다.
＊ 잘못된 책은 구입하신 서점에서 교환해드립니다.
＊ 정가는 표지에 표시되어 있습니다.